Happy School

RICALCARE LETTERE E NUMERI

Lettere e Numeri da Tracciare, Prelettura, Prescrittura, Disegni da Colorare.
(Libro Pregrafismo, Imparare a Scrivere)

HAPPY SCHOOL

Happy School

Happy School

Unisciti alla community di Facebook

1) Scansiona il QR con l'app del tuo cellulare;
2) Fai click sull'immagine di F.;
3) Iscriviti al Gruppo

Happy School – Books for Kids

...Troverai altro materiale gratuito

Nuove amicizie e tanto altro ... ☆☆☆

Happy School

Non proseguire senza il tuo regalo gratuito!

☺ Un libro gratuito per il tuo bambino pieno di attività educative e divertenti

Come ricevere il libro in omaggio?
Scegli il modo che preferisci !!!

@ happy.school.books@gmail.com
nell'oggetto scrivi: Happy School 1

f Personal Page: Amanda Marino
Scrivimi: Happy School 1

f Unisciti alla community di F. Happy School – Libri per Bambini

www.facebook.com/groups/1137976299928169/

oppure

Rapidamente scansiona il codice QR

⋆⋆⋆⋆... Troverai altro fantastico materiale gratuito

e molto altro ... ⋆⋆⋆⋆

Happy School

UN LIBRO TUTTO DA TRACCIARE E COLORARE

QUESTO LIBRO E' DI:

‑‑ ‑‑ ‑‑ ‑‑ ‑‑ ‑‑ ‑‑ ‑‑ ‑‑ ‑‑ ‑‑

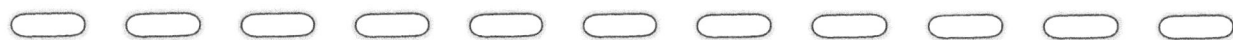

IL LIBRO E' PROGETTATO PER AUMENTARE LA
FANTASIA DEL BAMBINO,
TANTE ATTIVITA' TUTTE DA COLORARE

ALFABETO DA COLORARE

A B C D E F

G H I J K L M

N O P Q R S

T U V W X Y

Z

A ASINO

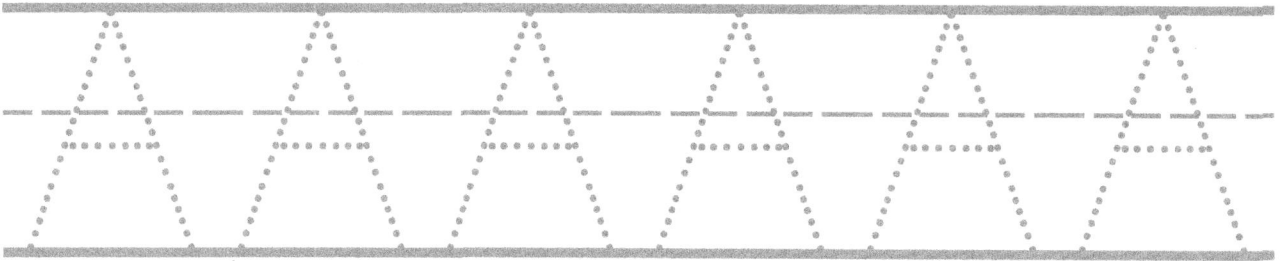

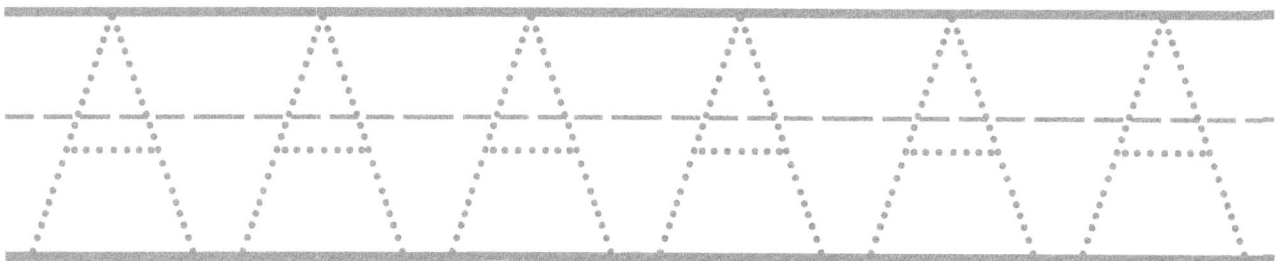

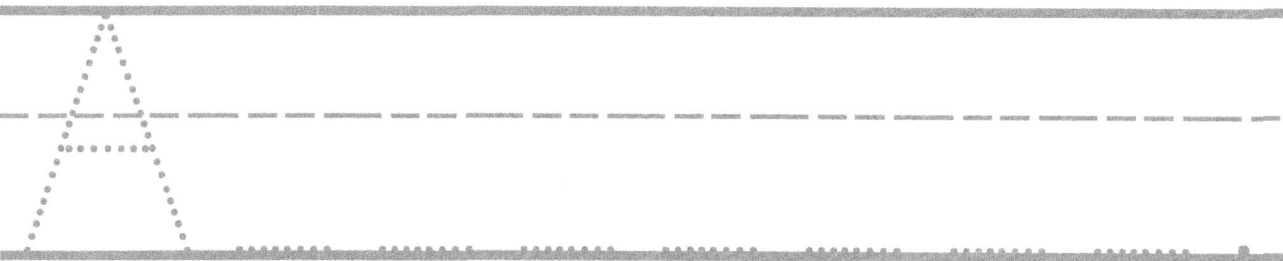

A B C D E F G H I J K L M N O P Q R S T U V W X Y Z

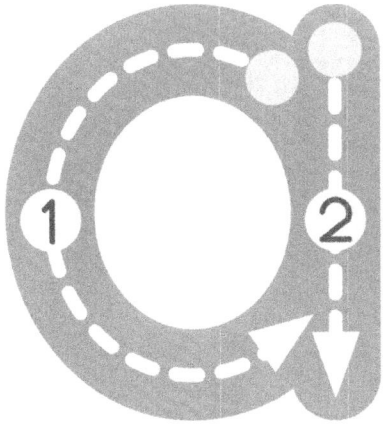

a l b e r o

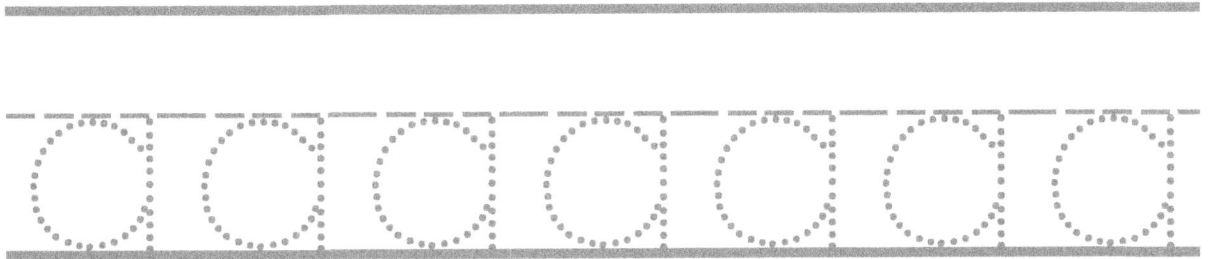

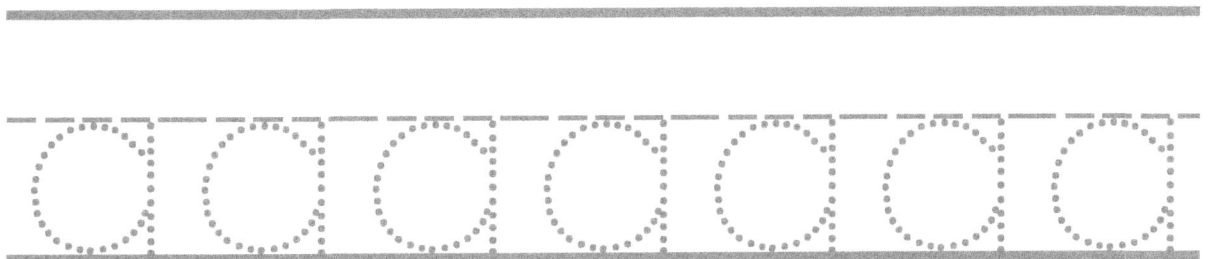

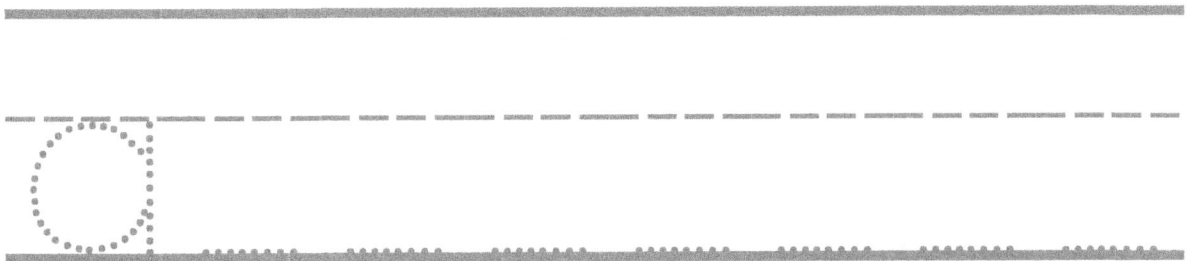

a b c d e f g h i j k l m n o p q r s t u v w x y z

B BALENA

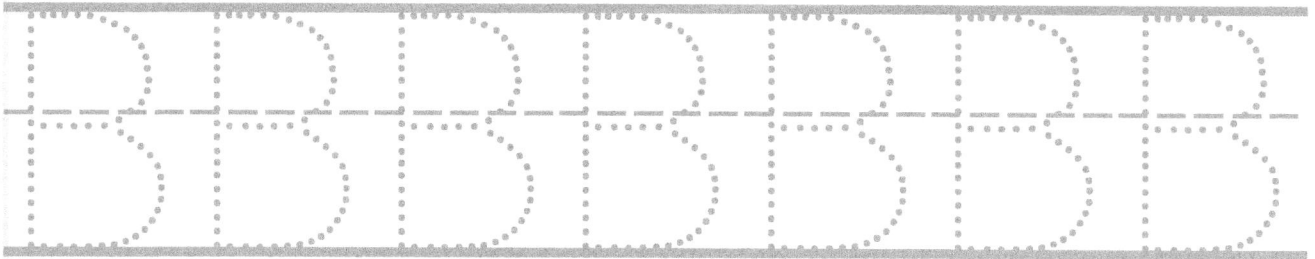

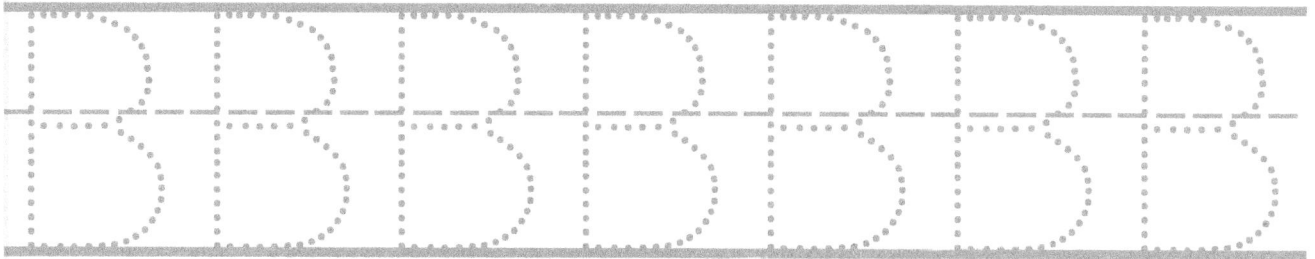

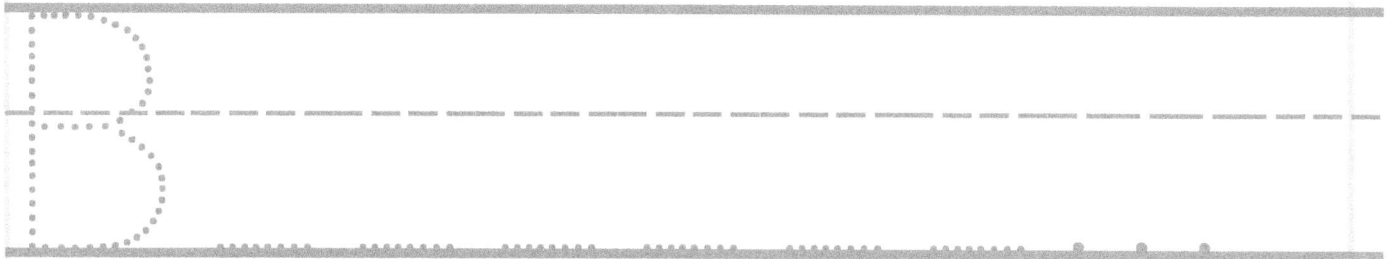

A B C D E F G H I J K L M N O P Q R S T U V W X Y Z

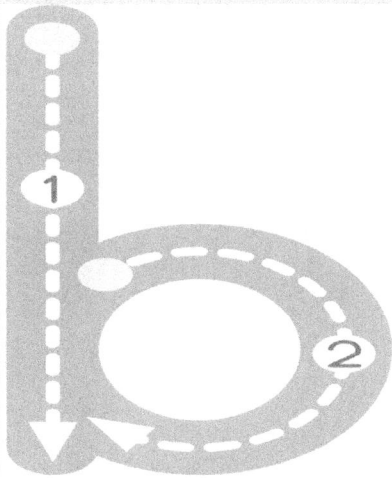 banana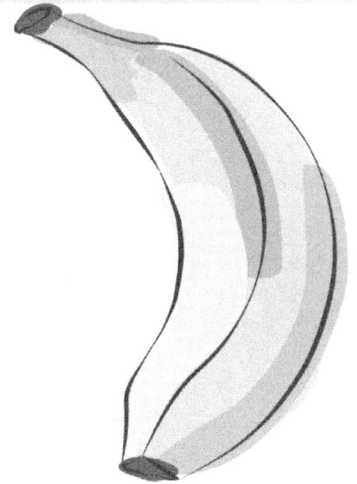

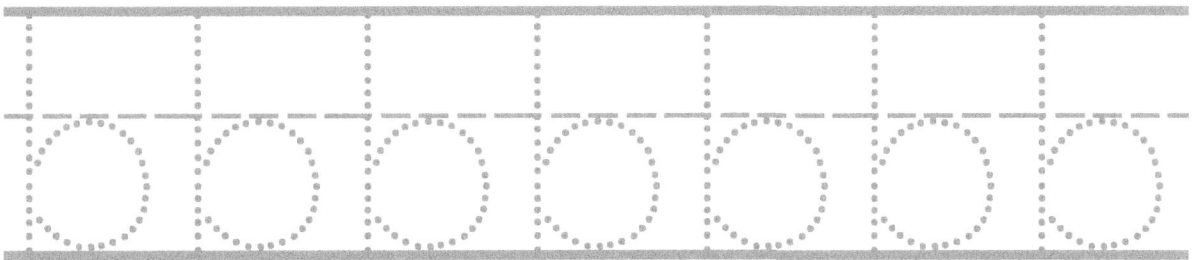

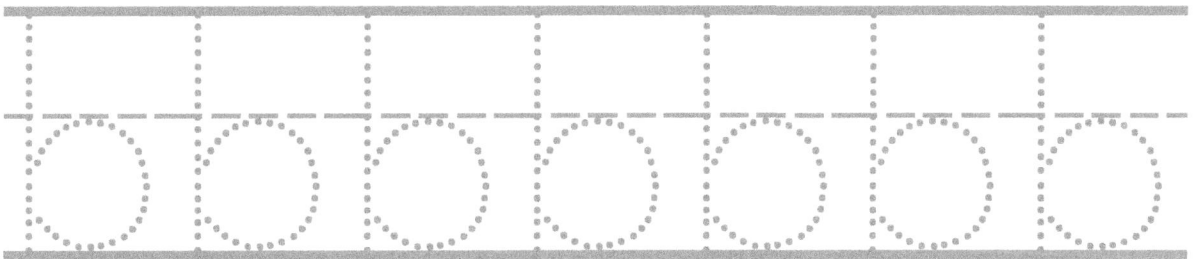

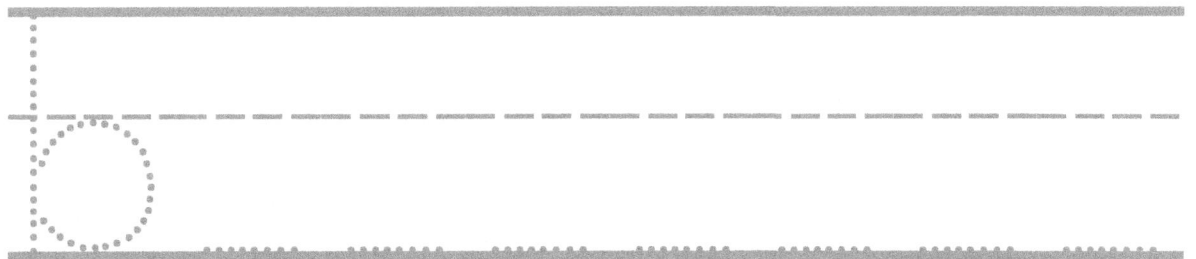

a **b** c d e f g h i j k l m n o p q r s t u v w x y z

CAVALLO

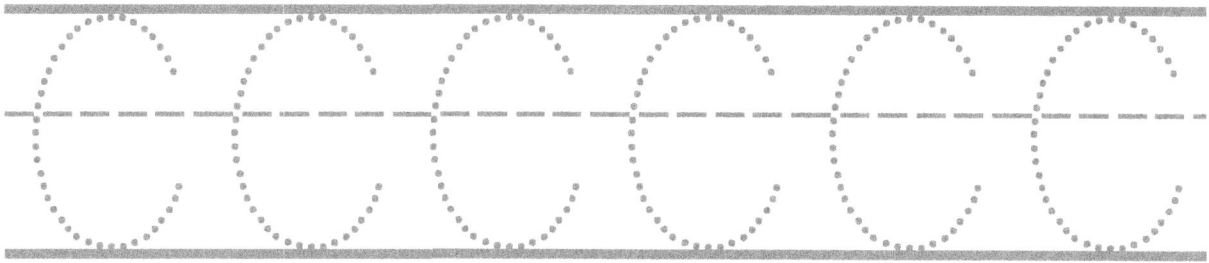

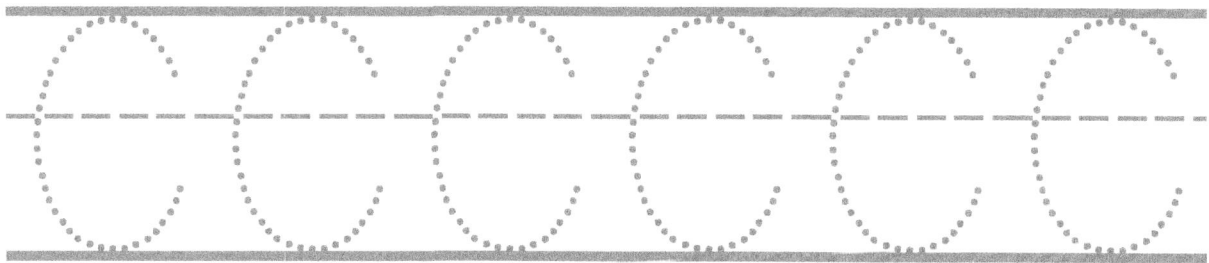

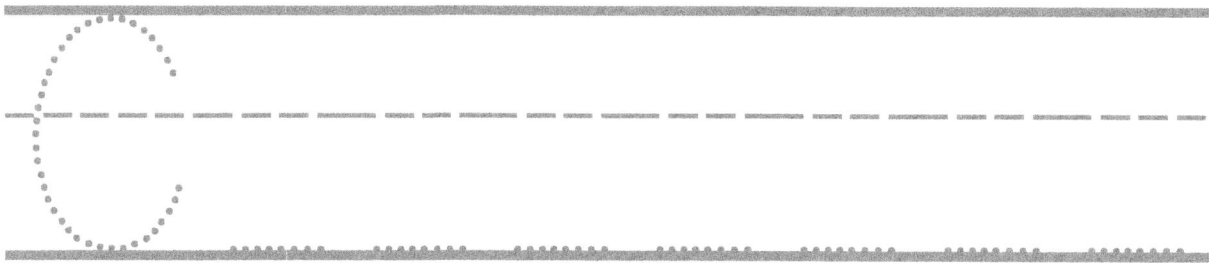

A B C D E F G H I J K L M N O P Q R S T U V W X Y Z

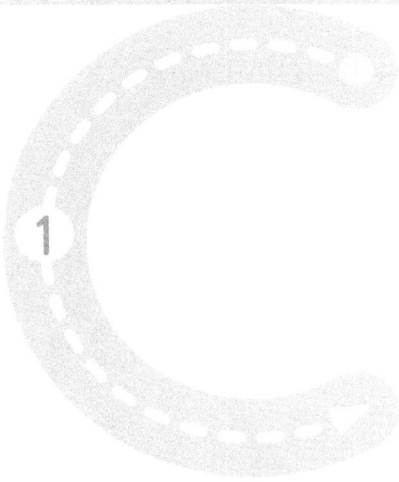

1

carota

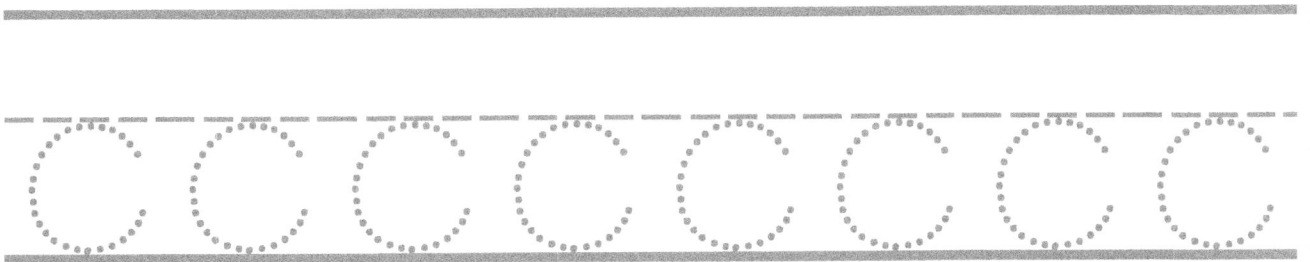

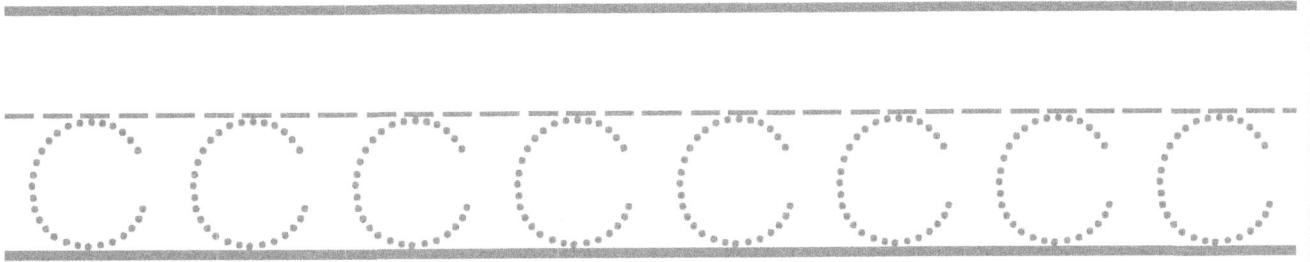

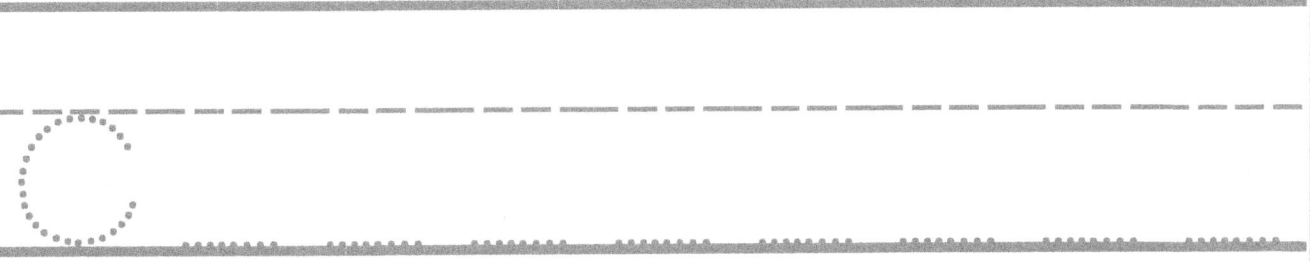

a b **c** d e f g h i j k l m n o p q r s t u v w x y z

Happy School

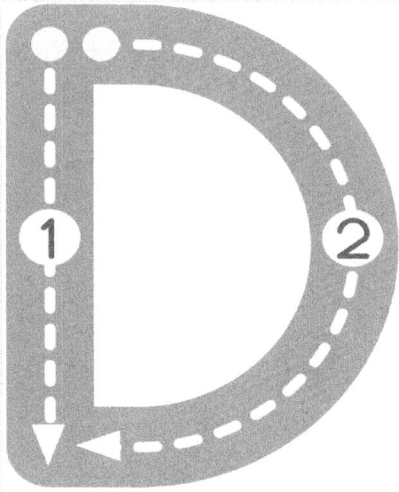

D DAINO

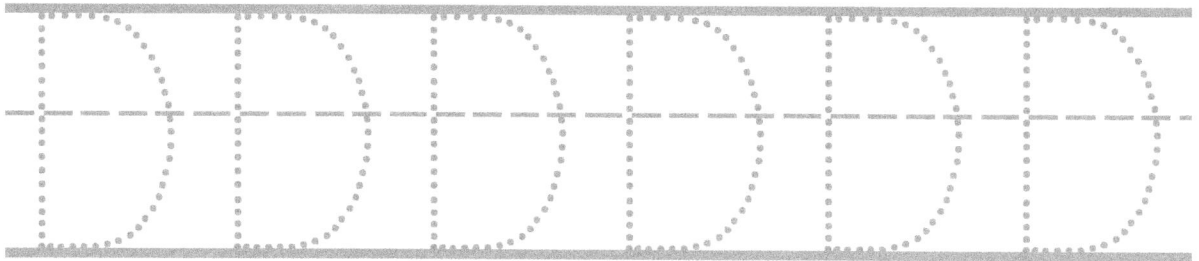

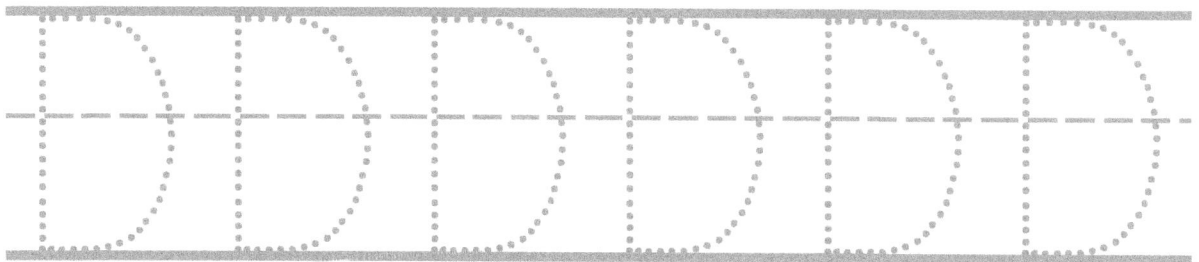

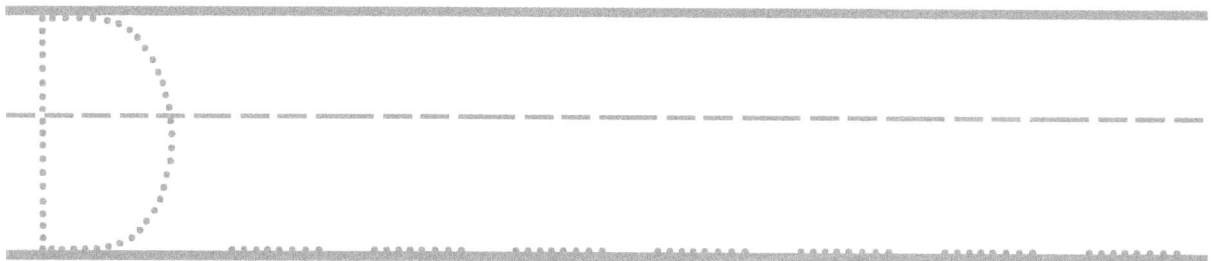

A B C **D** E F G H I J K L M N O P Q R S T U V W X Y Z

 diario

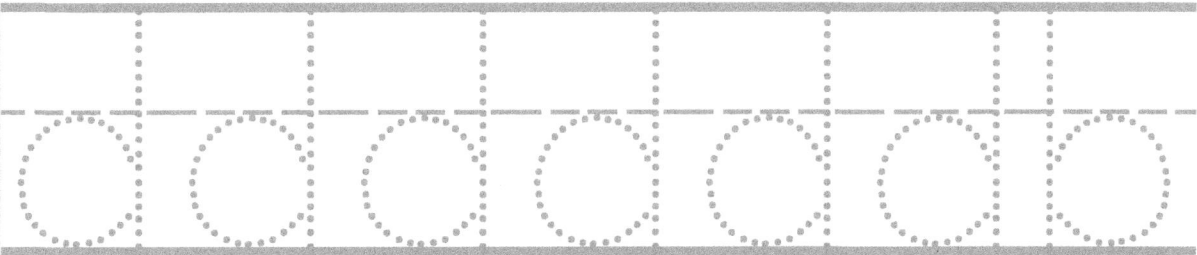

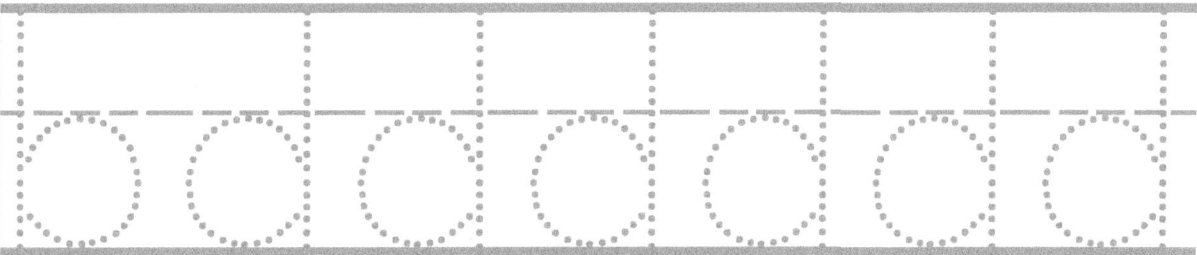

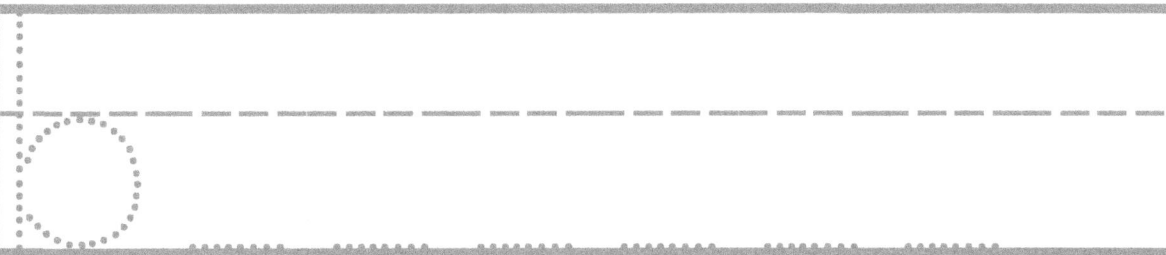

a b c **d** e f g h i j k l m n o p q r s t u v w x y z

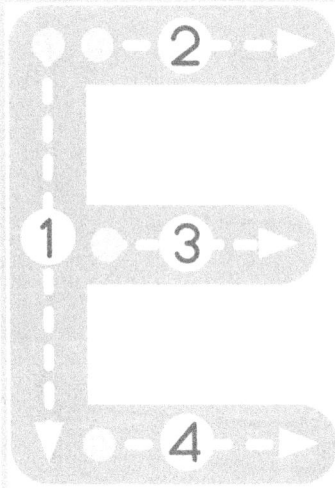

E L E F A N T E

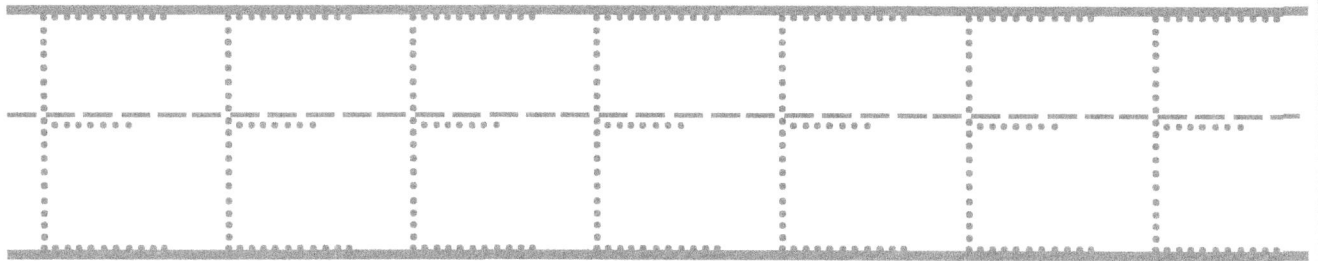

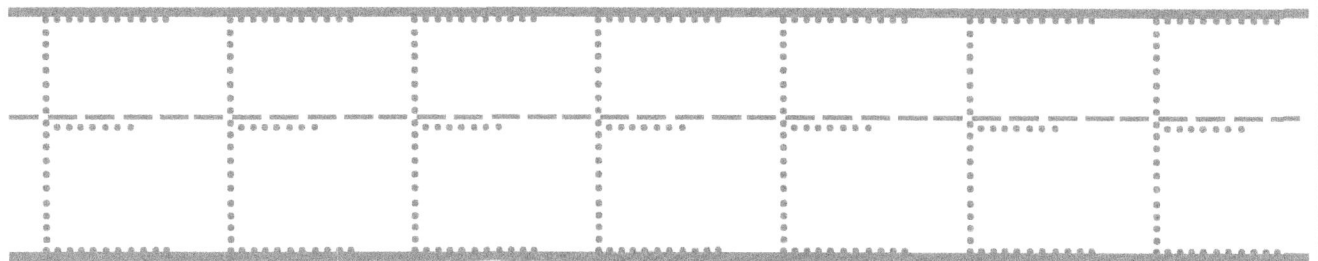

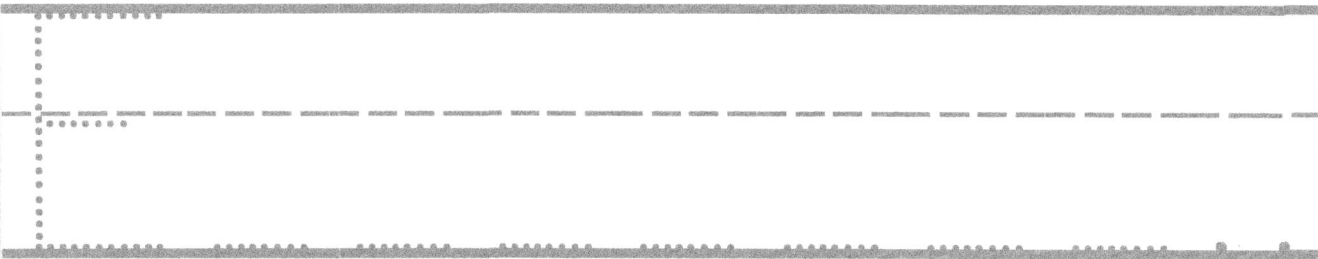

A B C D **E** F G H I J K L M N O P Q R S T U V W X Y Z

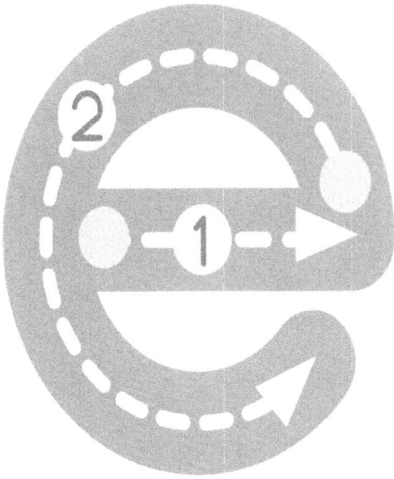

elicottero

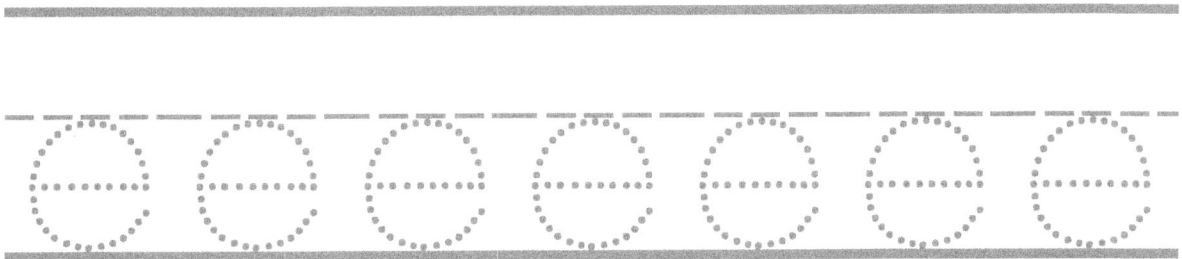

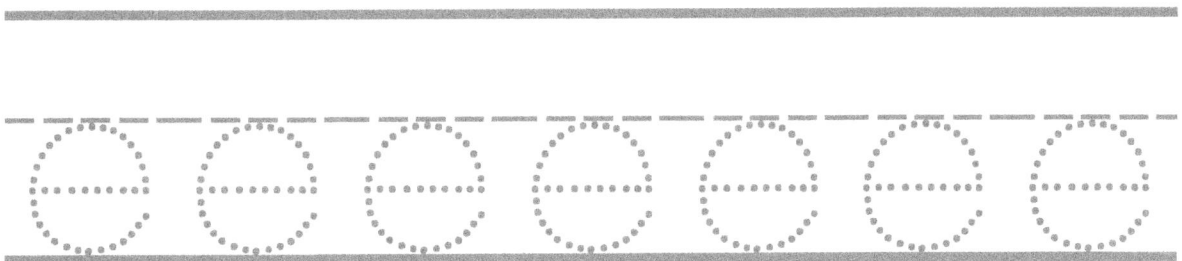

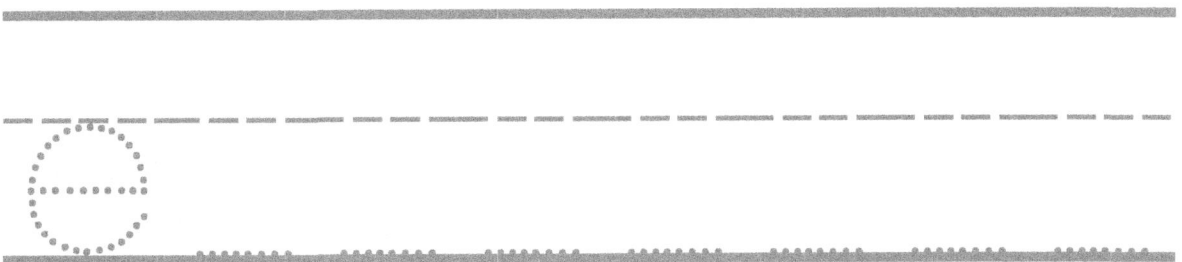

a b c d e f g h i j k l m n o p q r s t u v w x y z

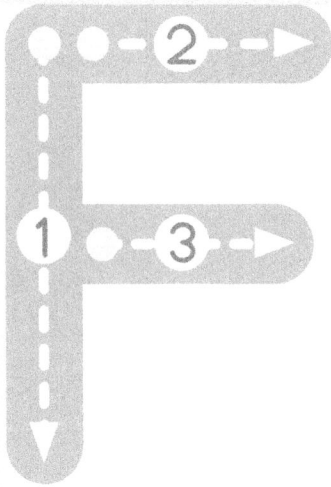

F OCA

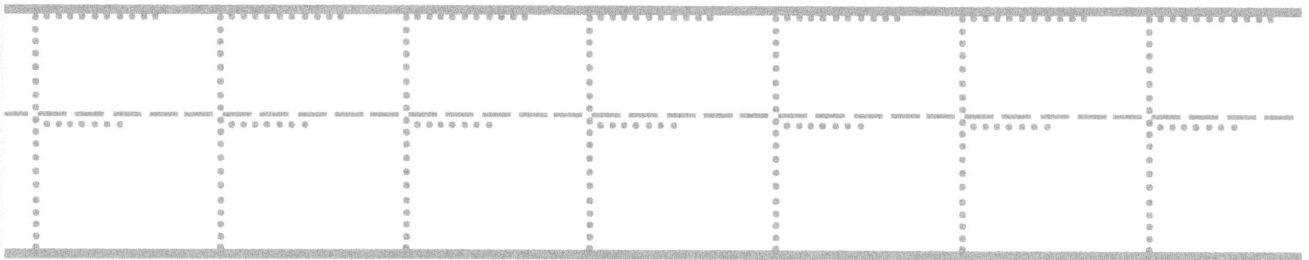

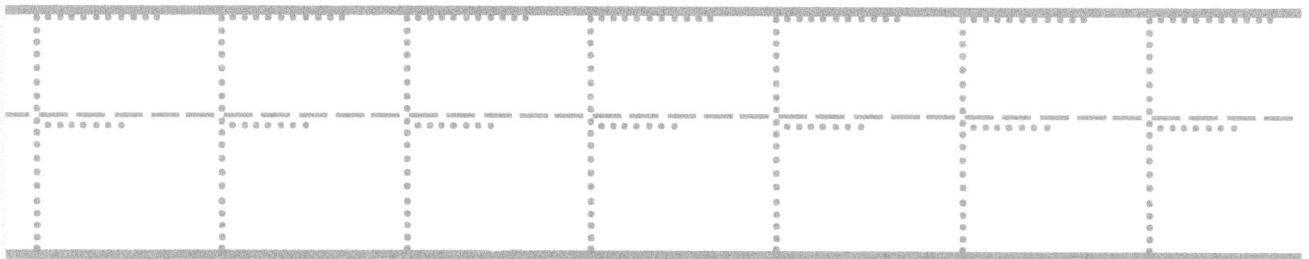

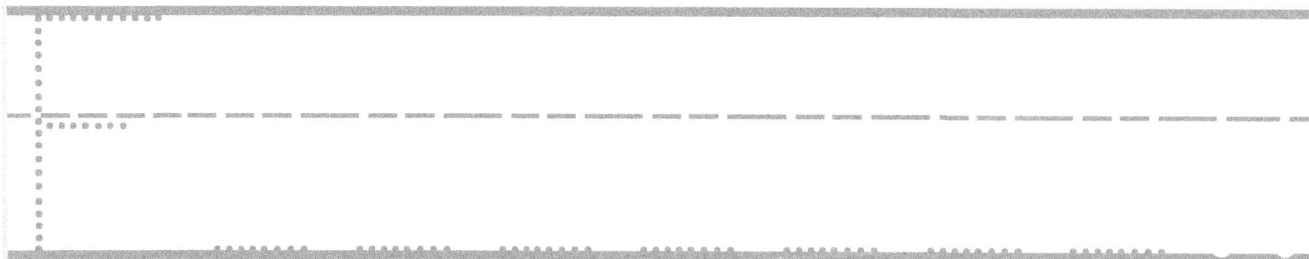

A B C D E **F** G H I J K L M N O P Q R S T U V W X Y Z

 fiocco

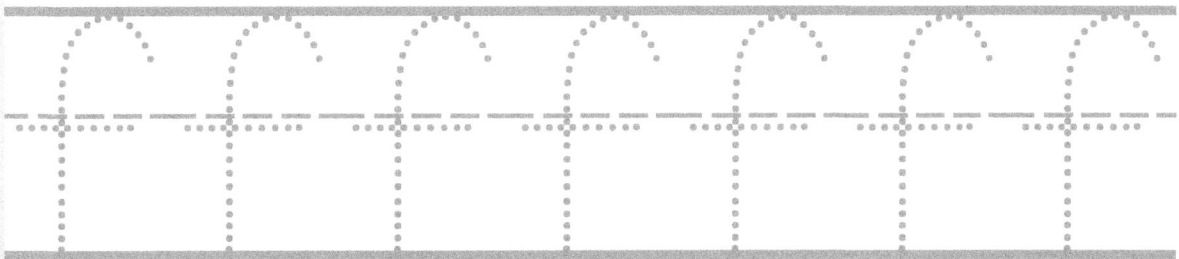

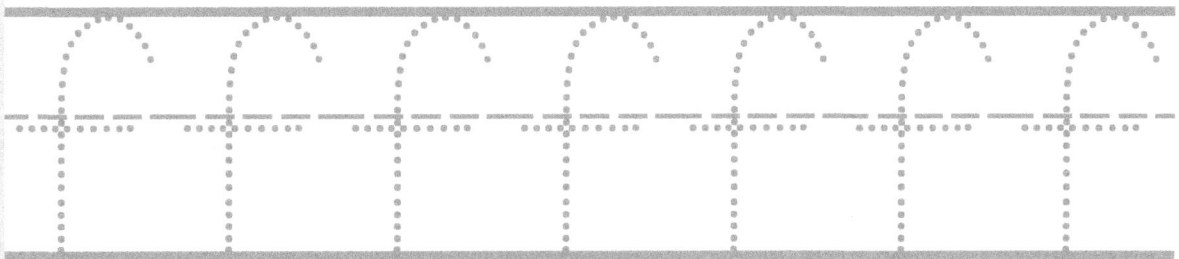

a b c d e f g h i j k l m n o p q r s t u v w x y z

GIRAFFA

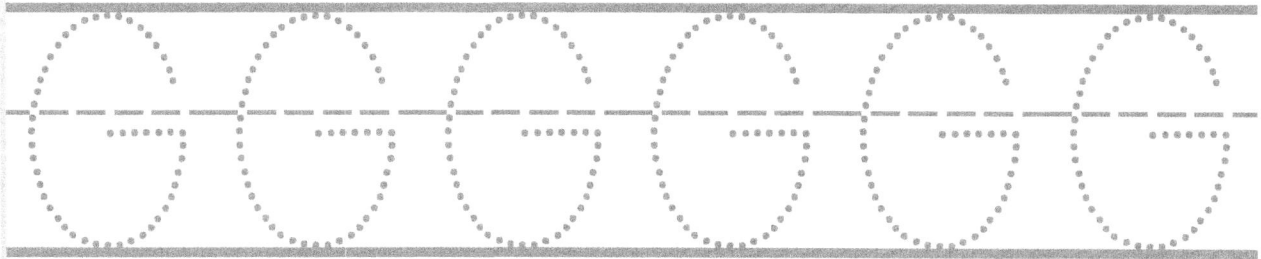

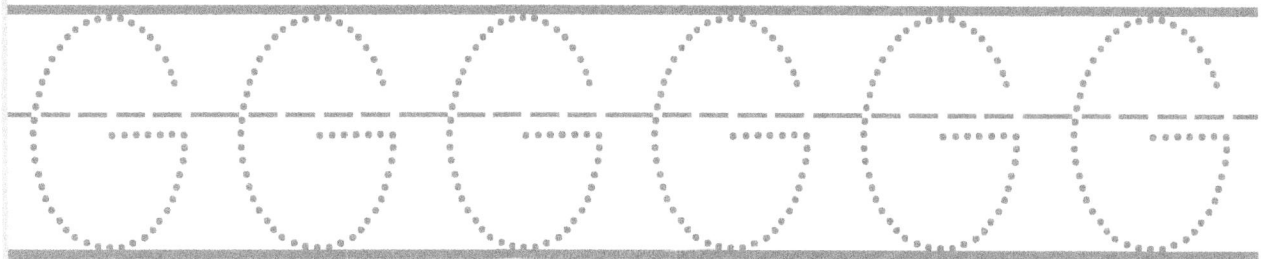

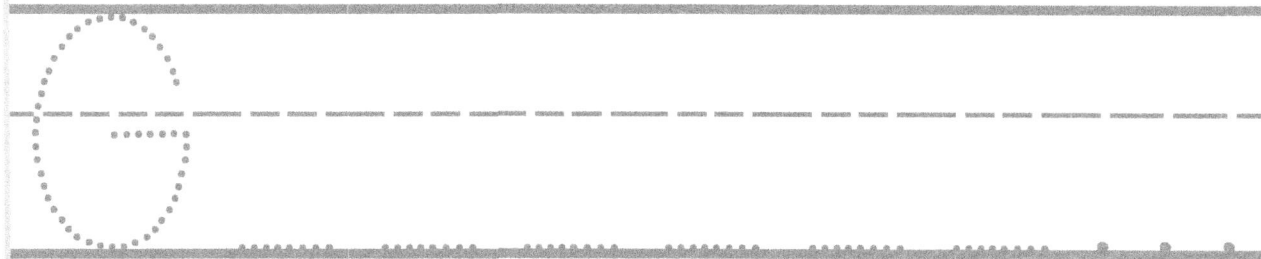

A B C D E F **G** H I J K L M N O P Q R S T U V W X Y Z

g gomitoli

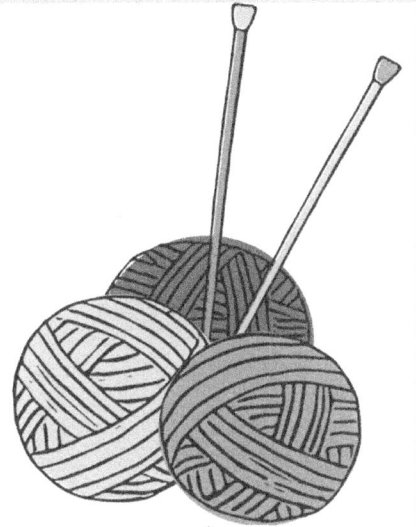

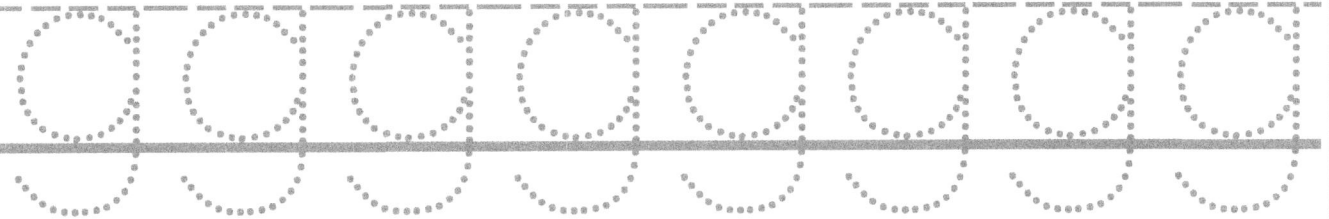

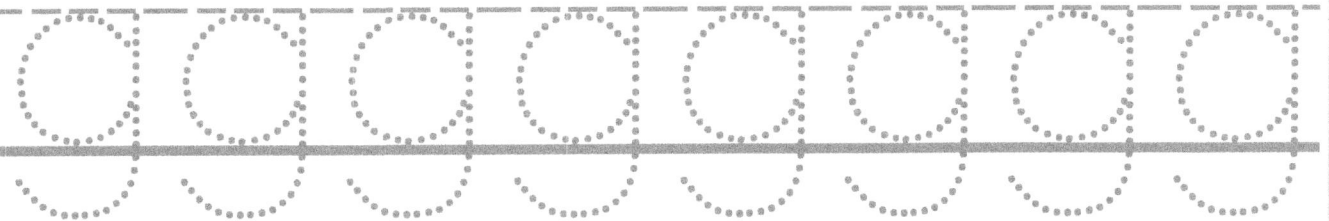

a b c d e f **g** h i j k l m n o p q r s t u v w x y z

Happy School

H USKY

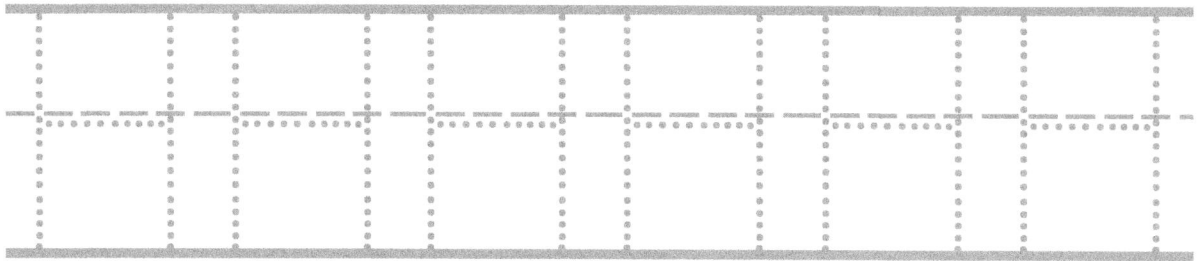

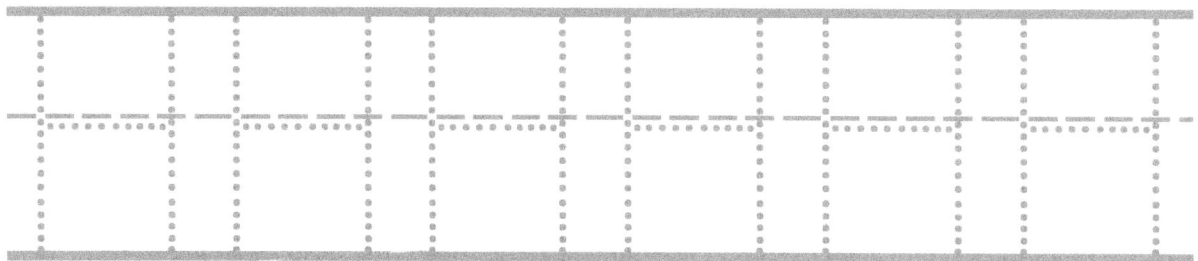

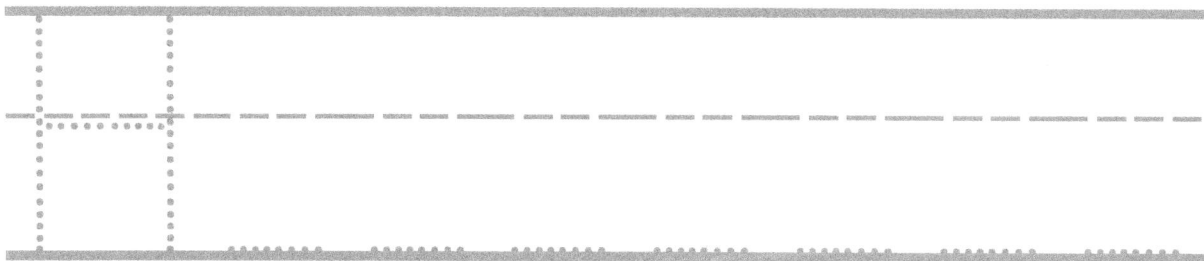

A B C D E F G **H** I J K L M N O P Q R S T U V W X Y Z

h hotel

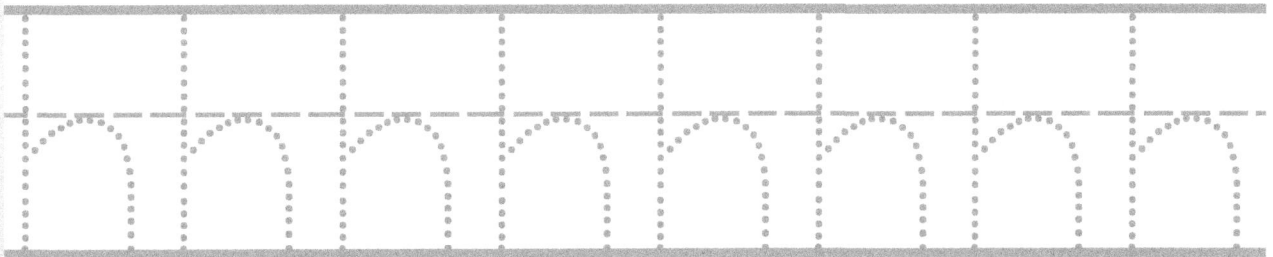

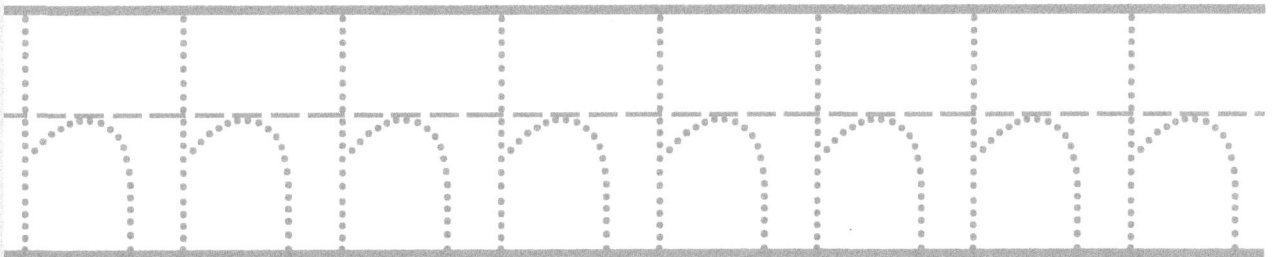

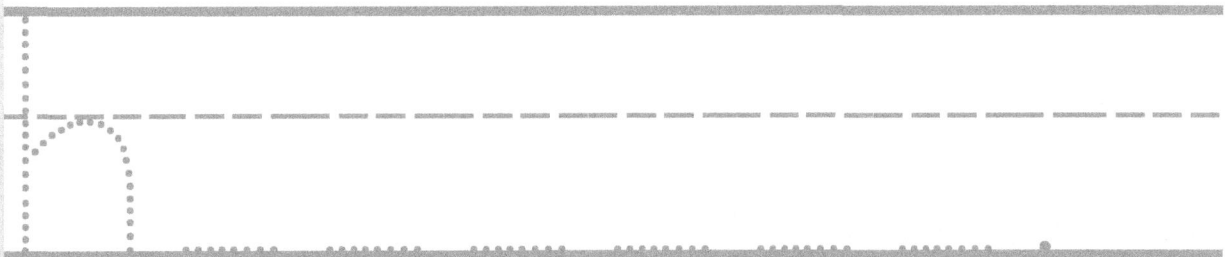

a b c d e f g **h** i j k l m n o p q r s t u v w x y z

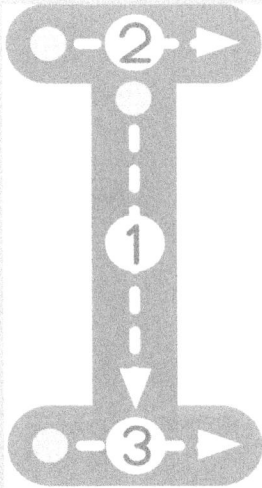

IPPOPOTAMO

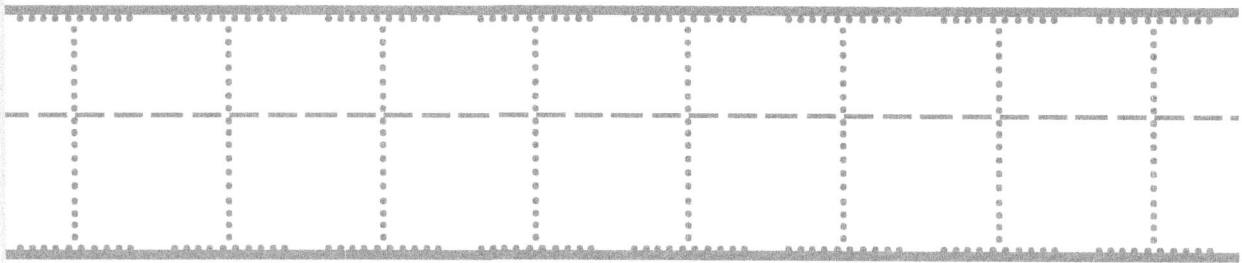

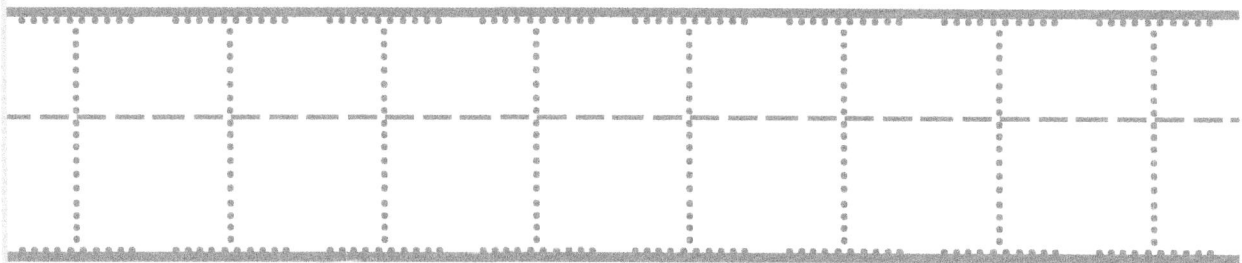

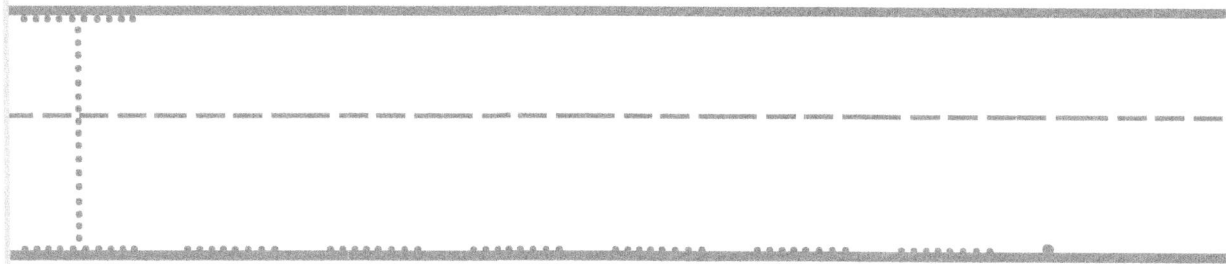

A B C D E F G H **I** J K L M N O P Q R S T U V W X Y Z

② idrante

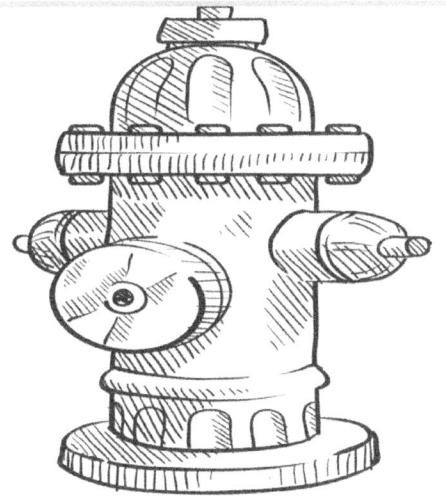

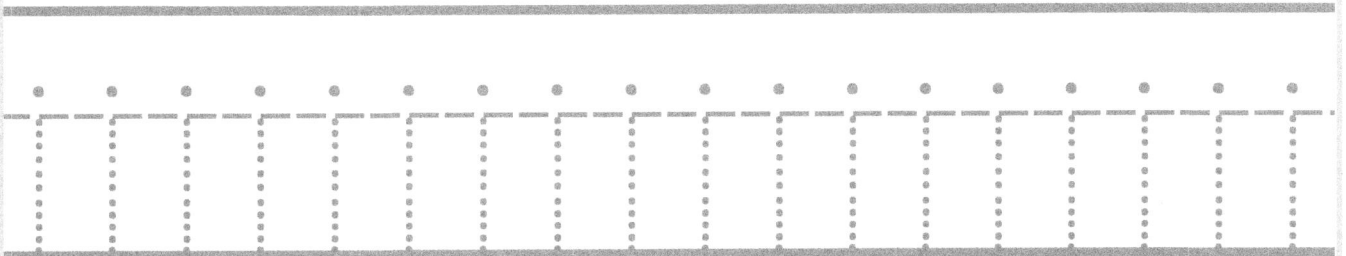

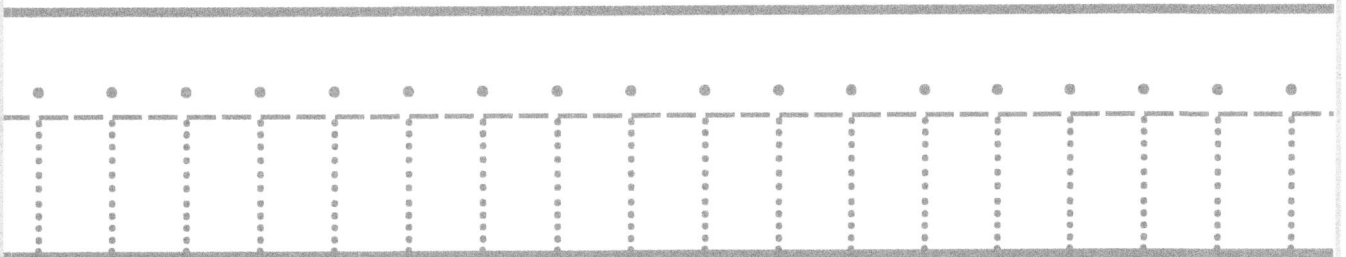

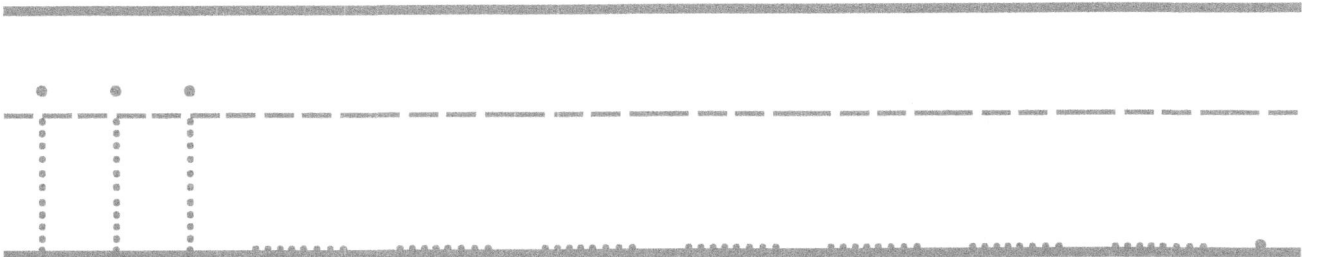

a b c d e f g h **i** j k l m n o p q r s t u v w x y z

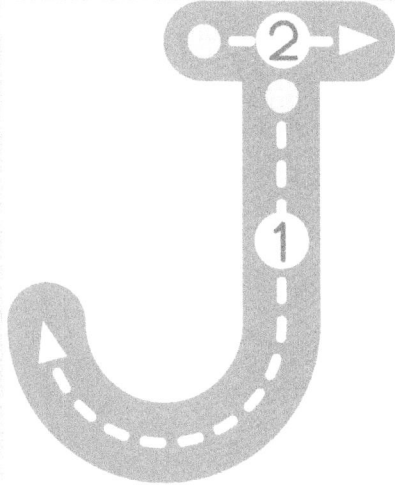

JACK
RUSSEL

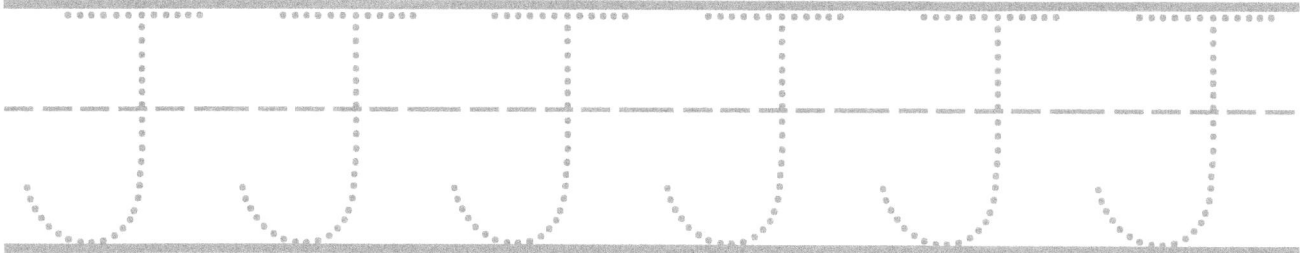

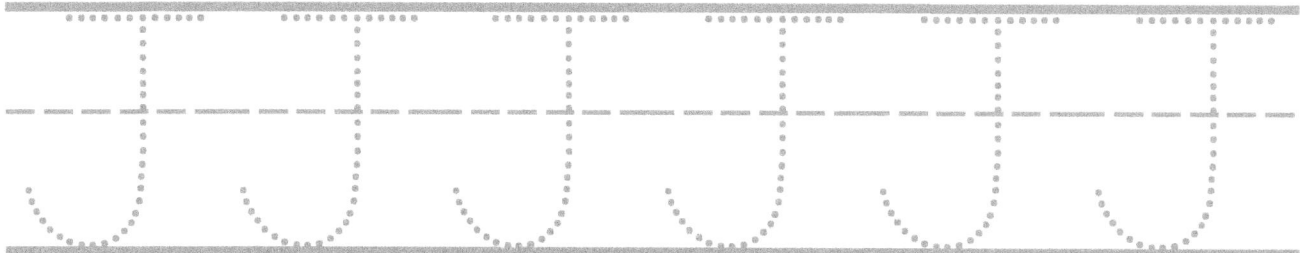

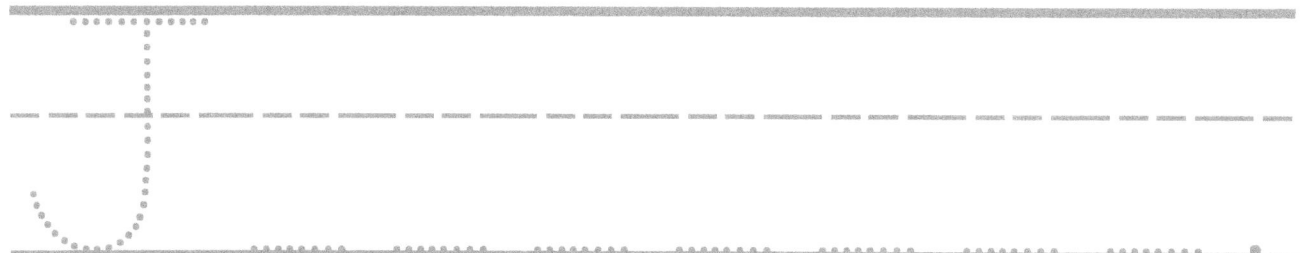

A B C D E F G H I **J** K L M N O P Q R S T U V W X Y Z

j ②

j

j e e p

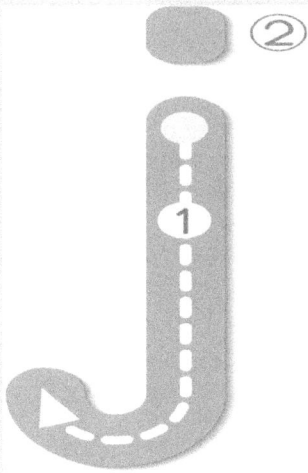

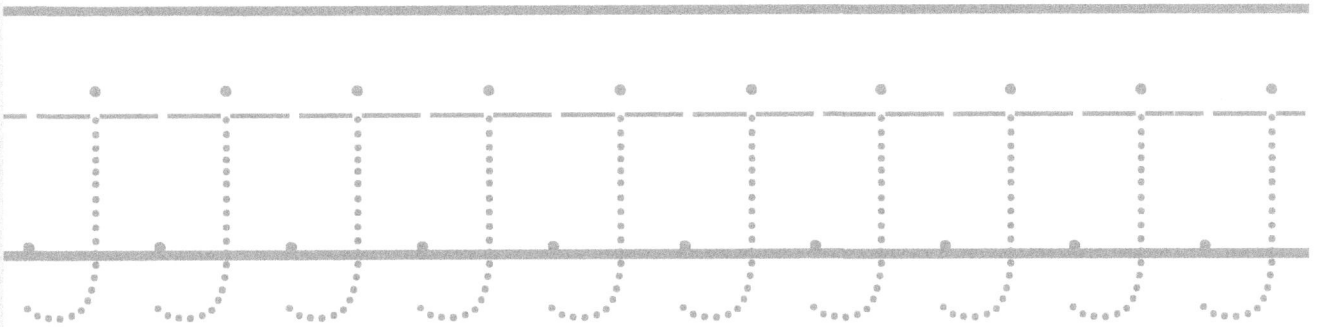

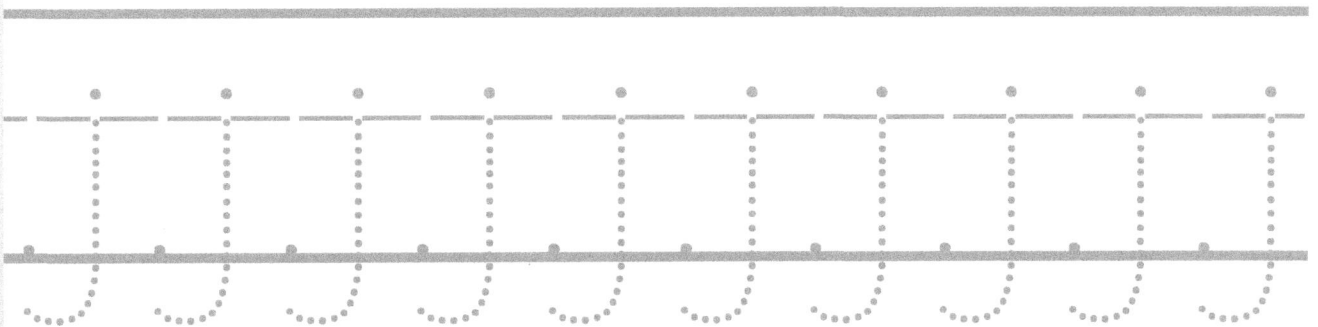

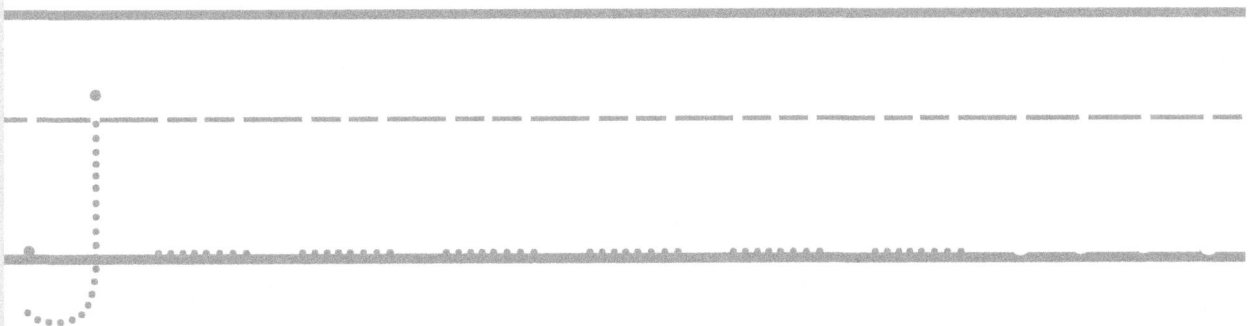

a b c d e f g h i j k l m n o p q r s t u v w x y z

KOHALA

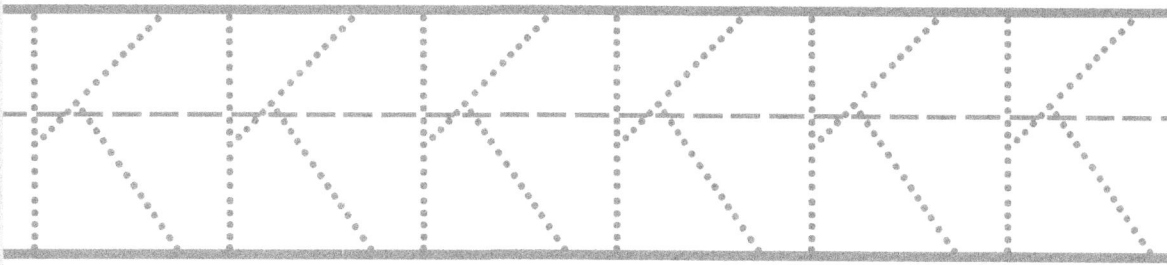

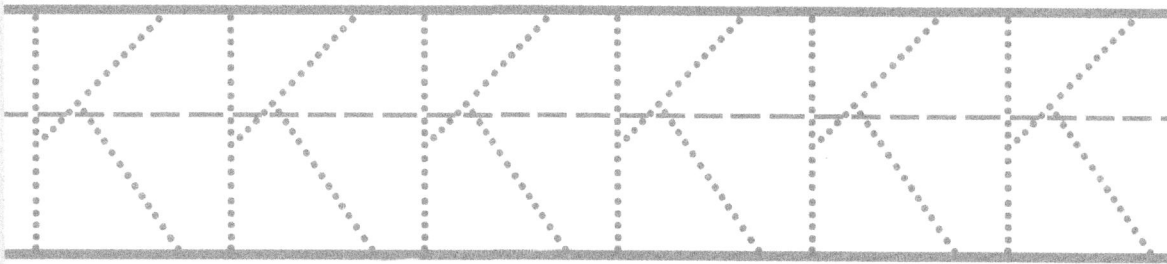

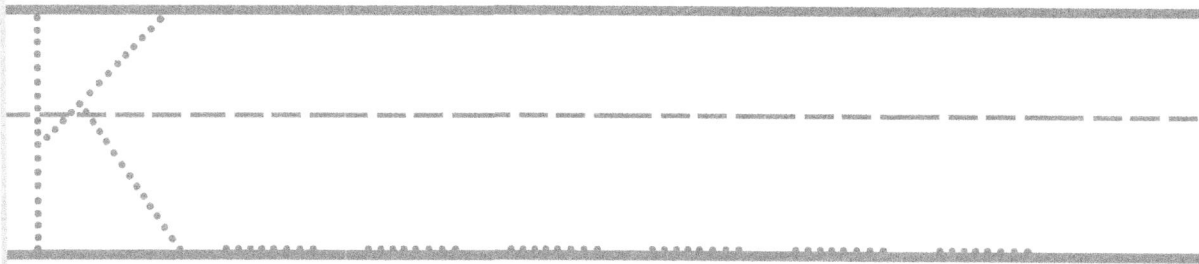

A B C D E F G H I J **K** L M N O P Q R S T U V W X Y Z

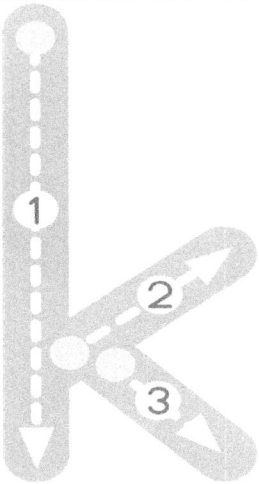

kart

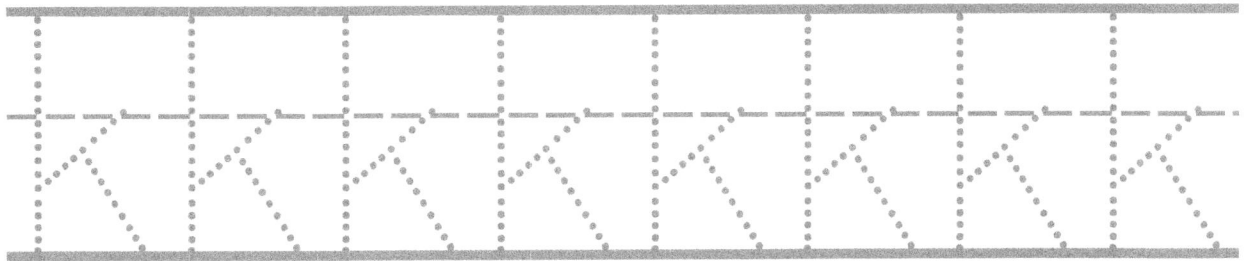

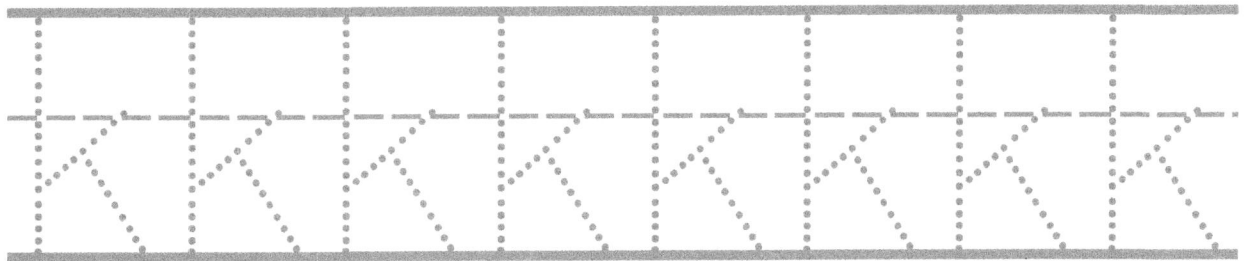

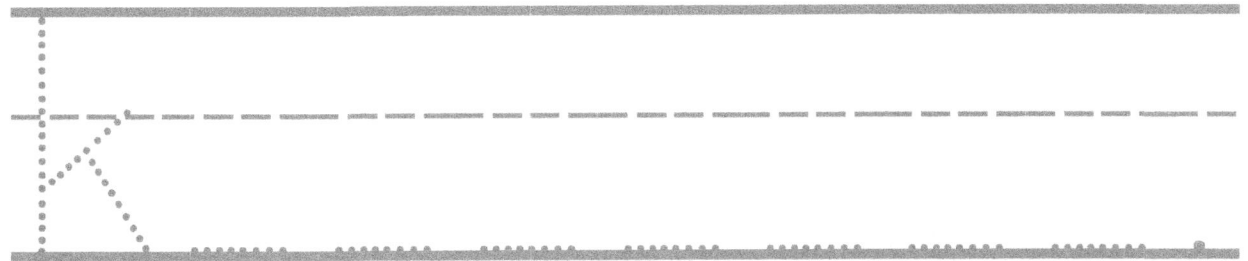

a b c d e f g h i j **k** l m n o p q r s t u v w x y z

L E O N E

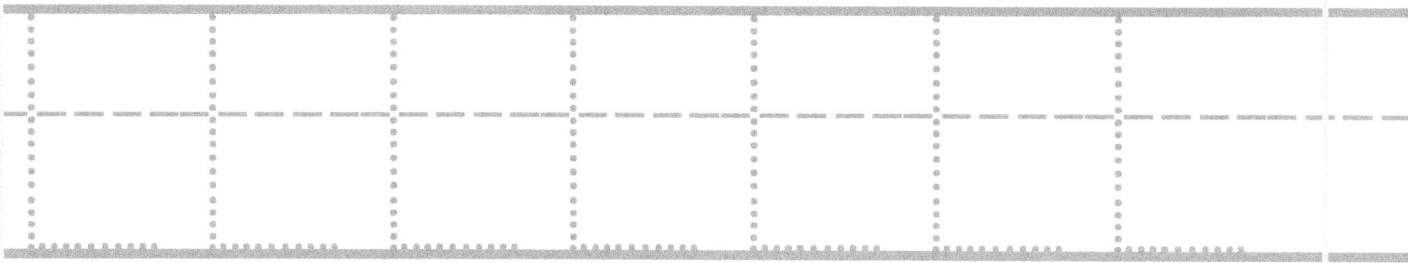

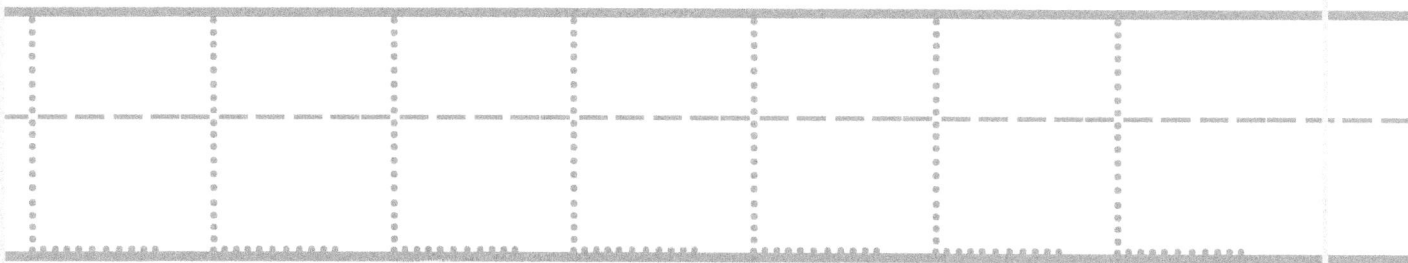

A B C D E F G H I J K **L** M N O P Q R S T U V W X Y Z

1

lucchetto

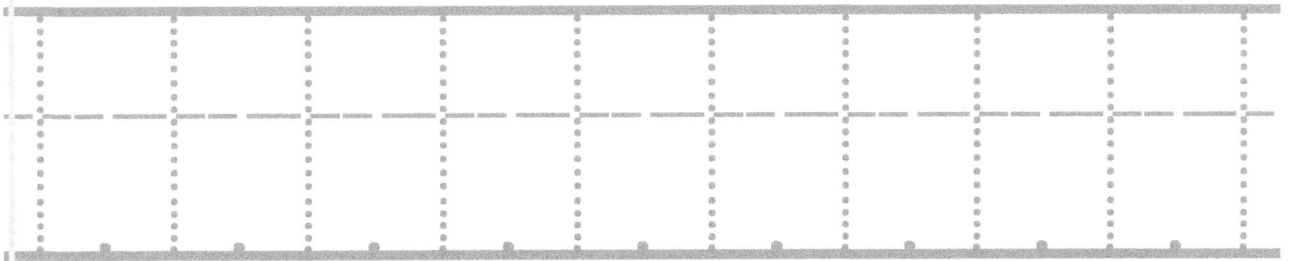

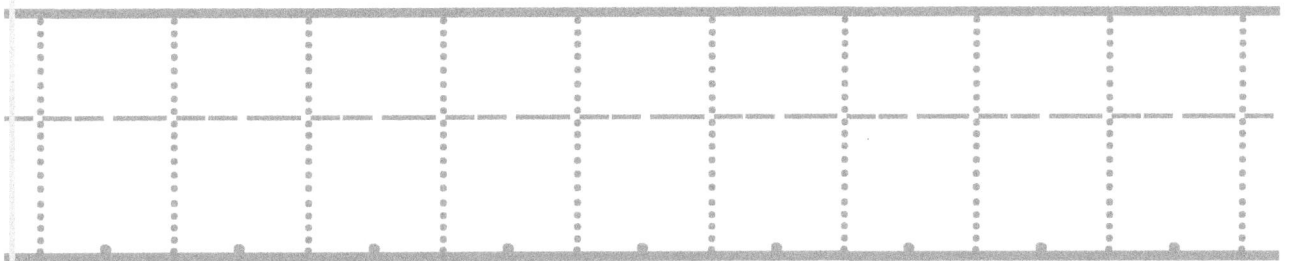

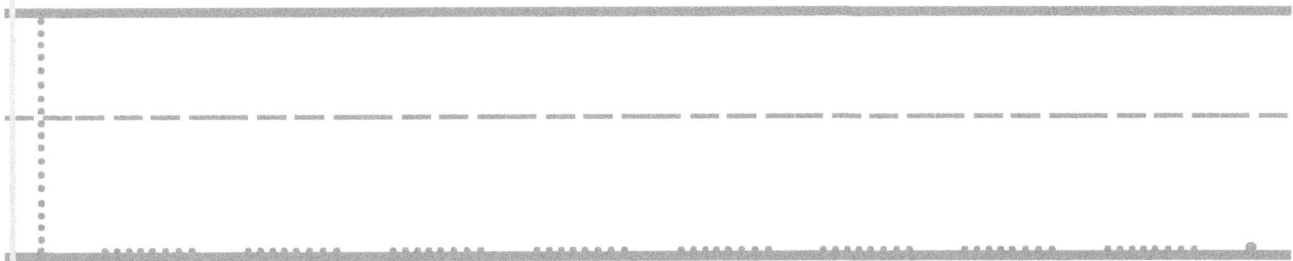

a b c d e f g h i j k **l** m n o p q r s t u v w x y z

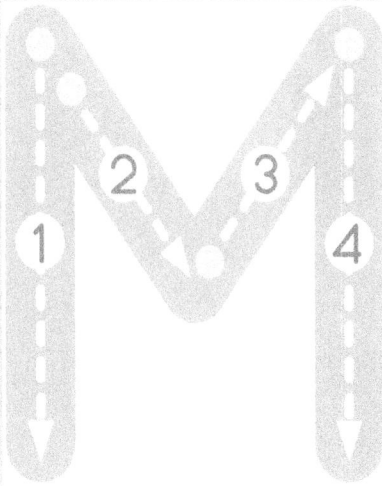

M AIALE

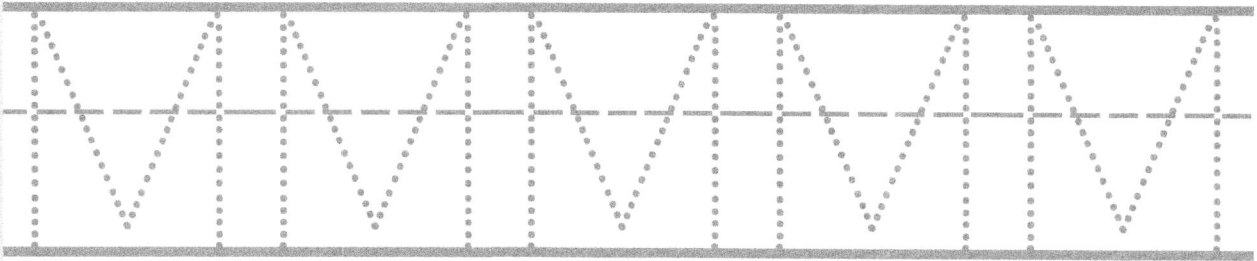

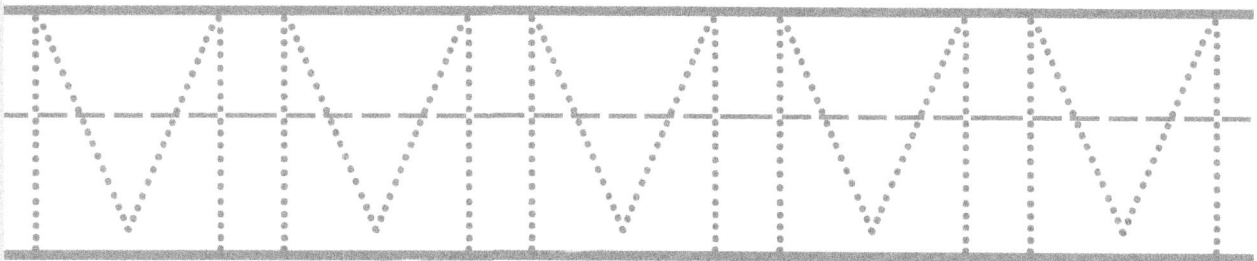

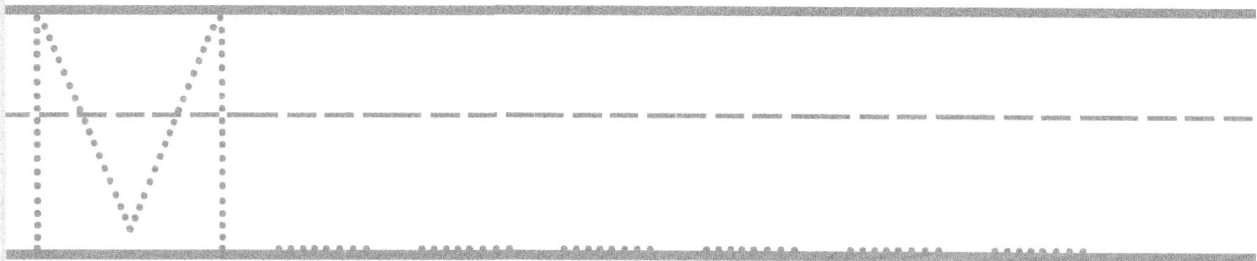

A B C D E F G H I J K L **M** N O P Q R S T U V W X Y Z

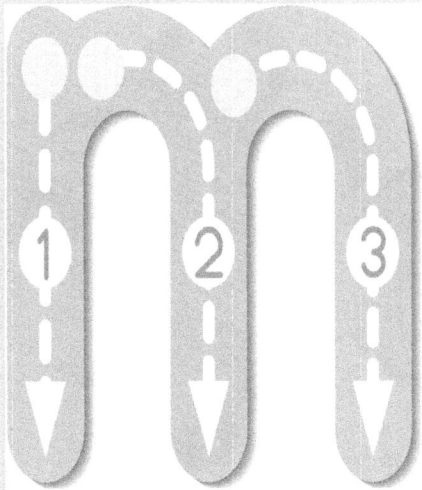

matita

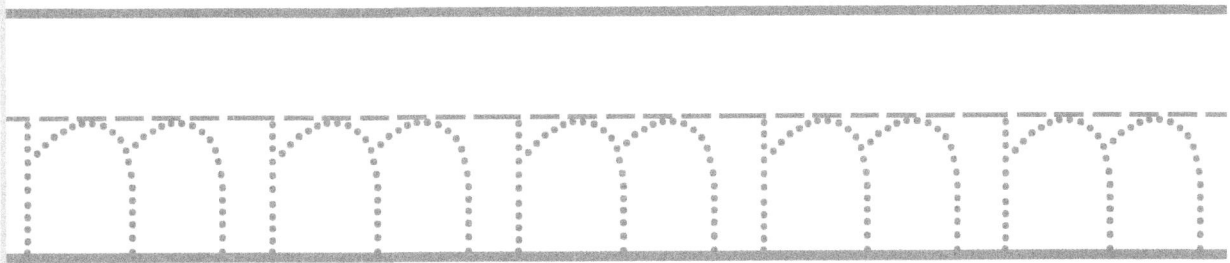

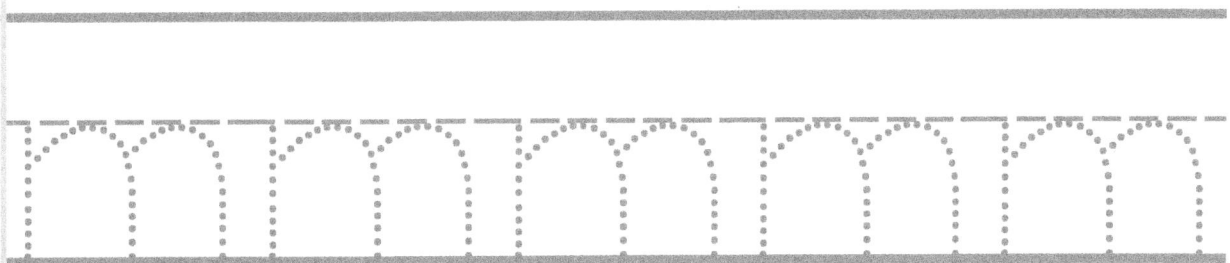

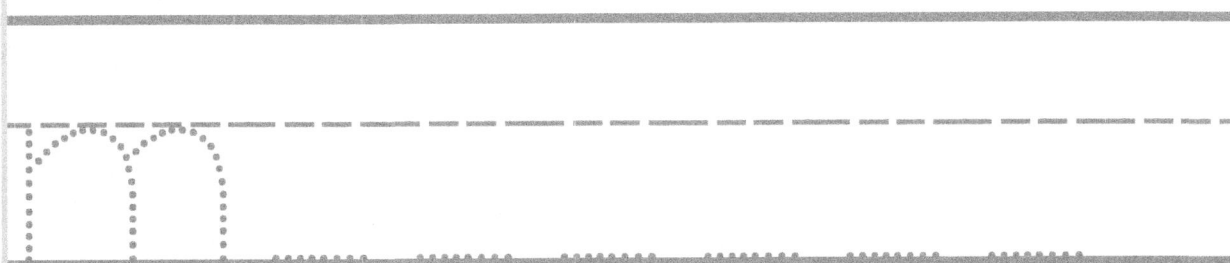

a b c d e f g h i j k l **m** n o p q r s t u v w x y z

NEMO

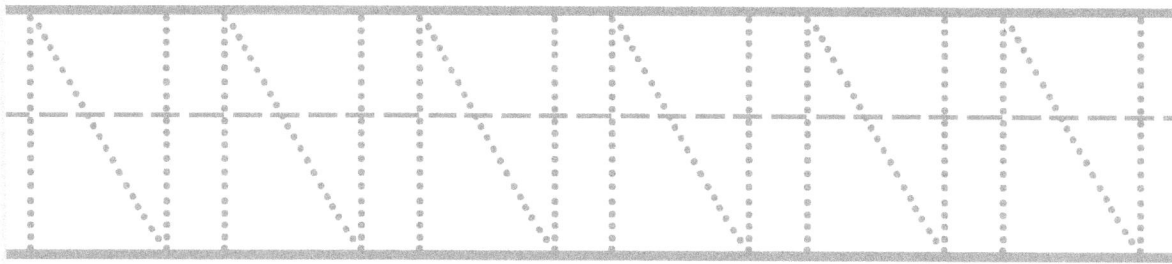

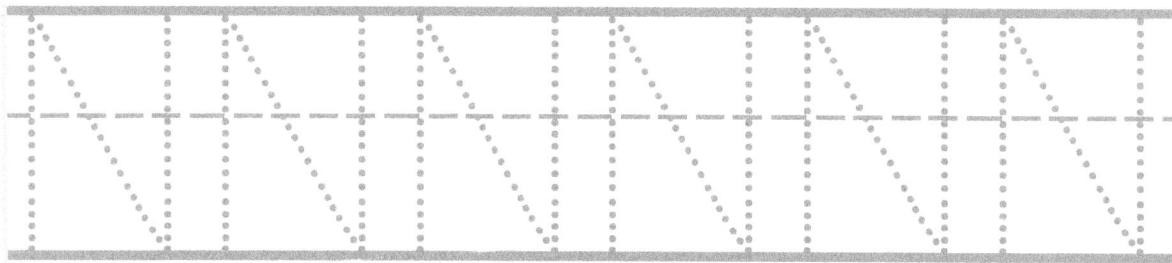

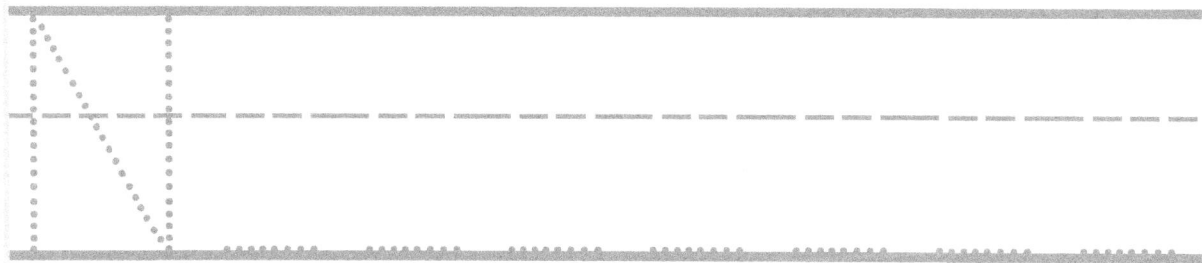

A B C D E F G H I J K L M N O P Q R S T U V W X Y Z

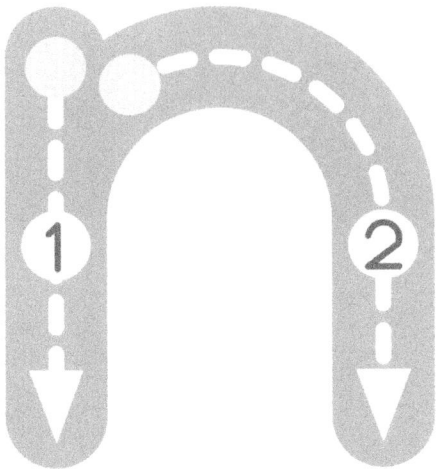 

nave

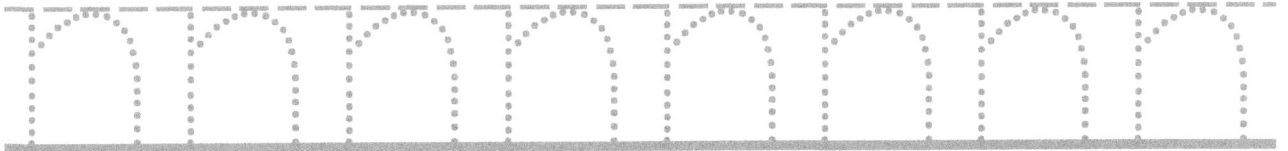

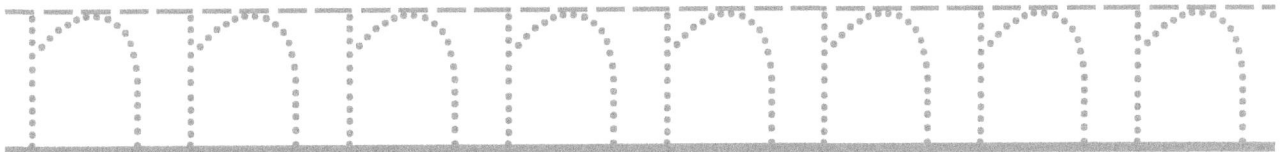

a b c d e f g h i j k l m **n** o p q r s t u v w x y z

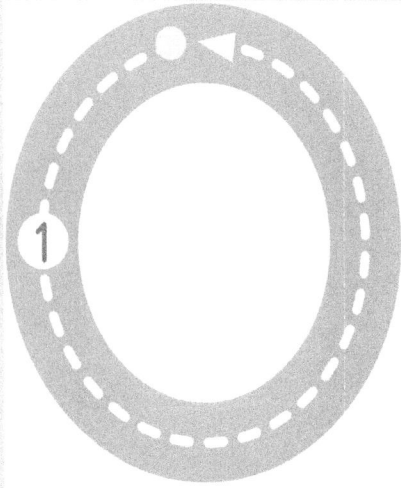

ORSO

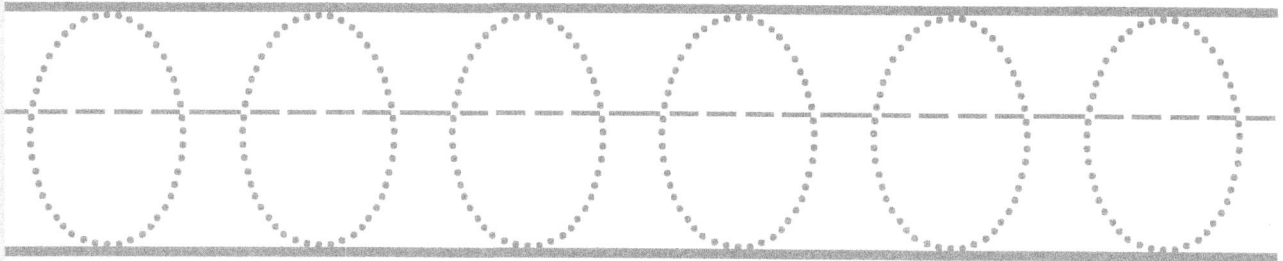

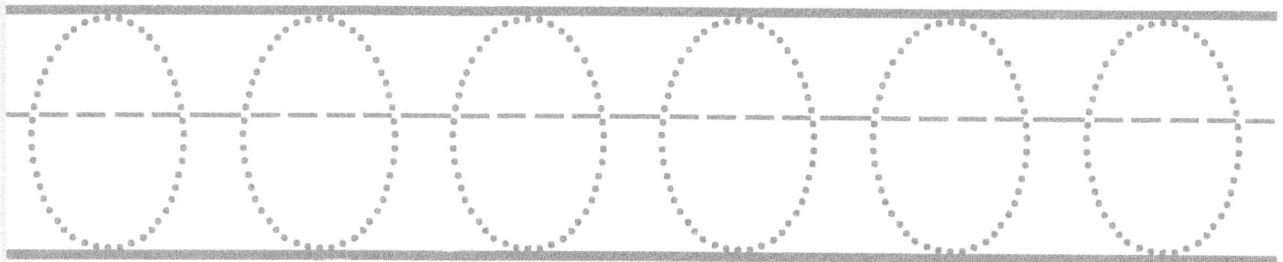

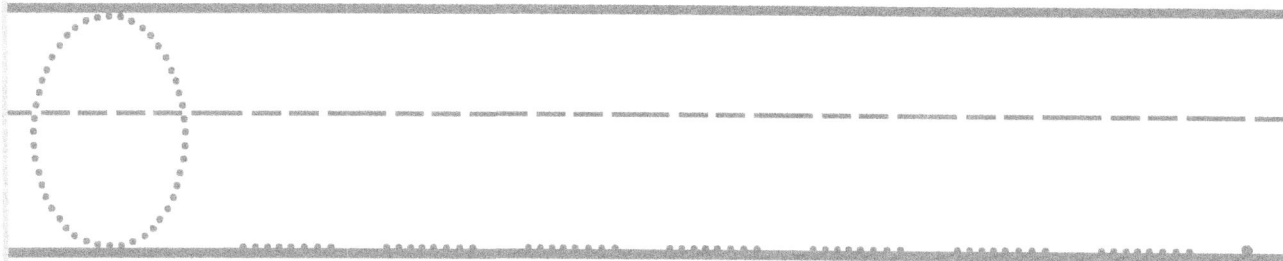

A B C D E F G H I J K L M N **O** P Q R S T U V W X Y Z

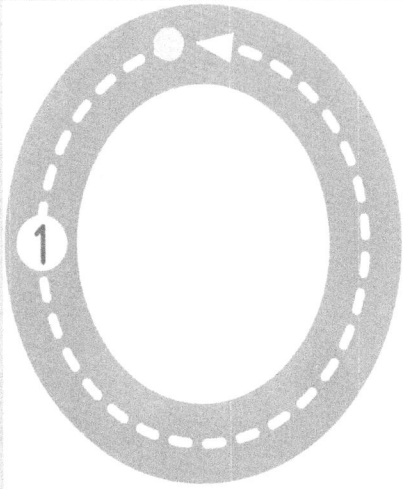

orologio

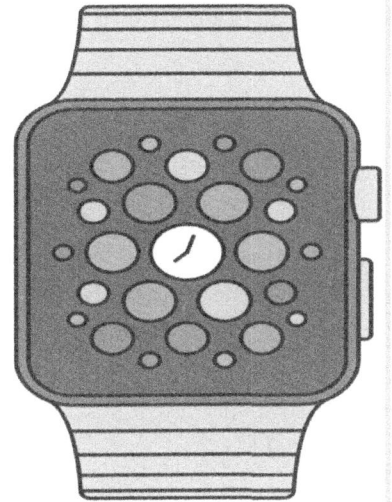

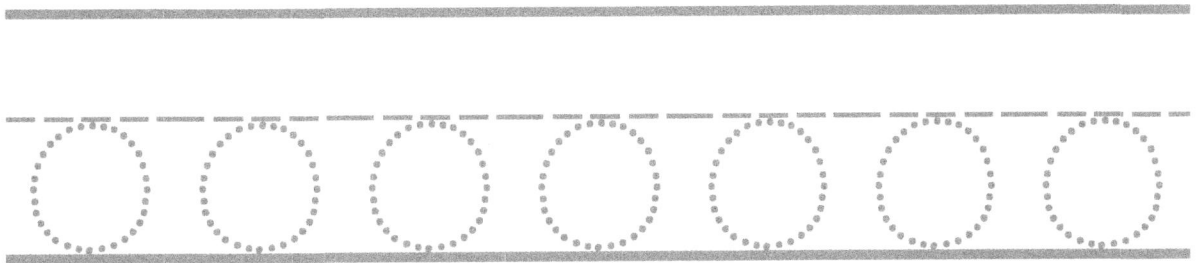

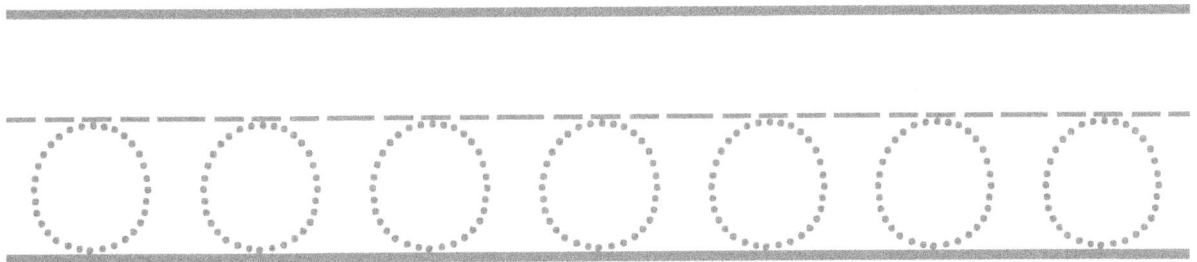

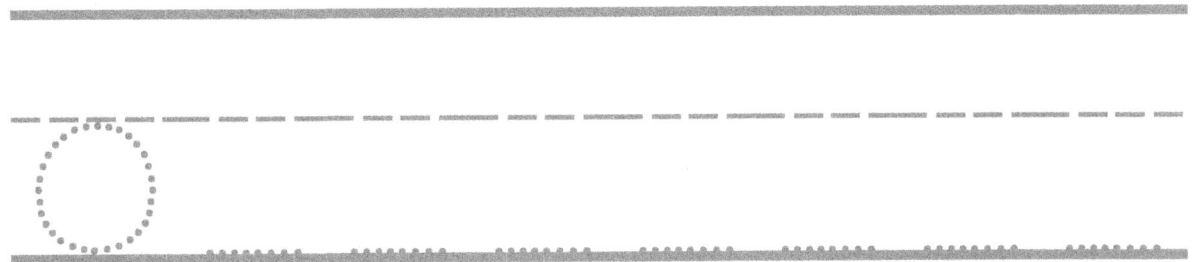

a b c d e f g h i j k l m n **o** p q r s t u v w x y z

PANDA

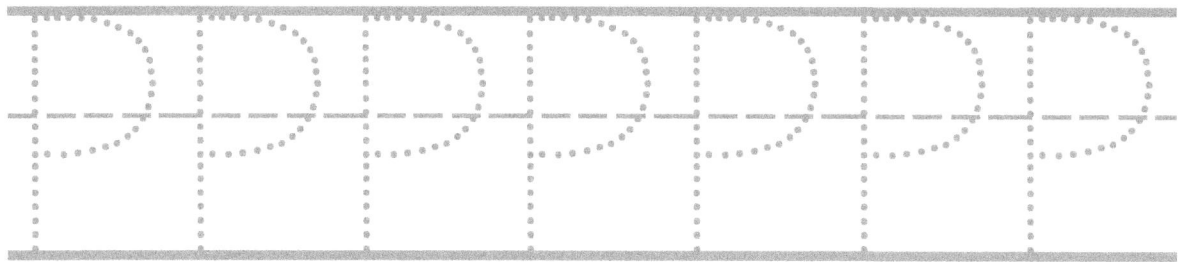

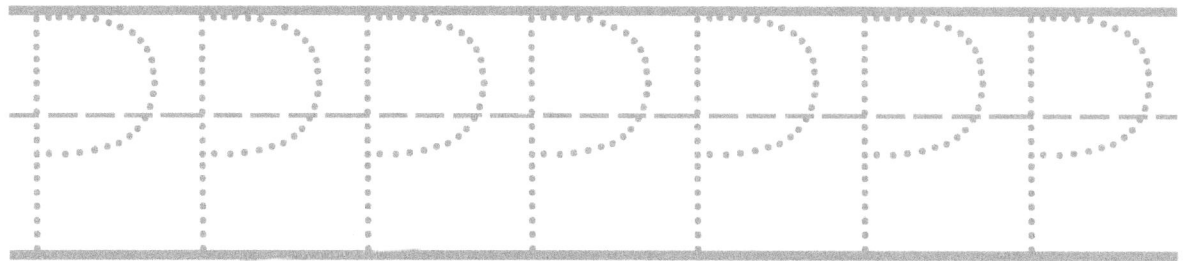

A B C D E F G H I J K L M N O **P** Q R S T U V W X Y Z

palla

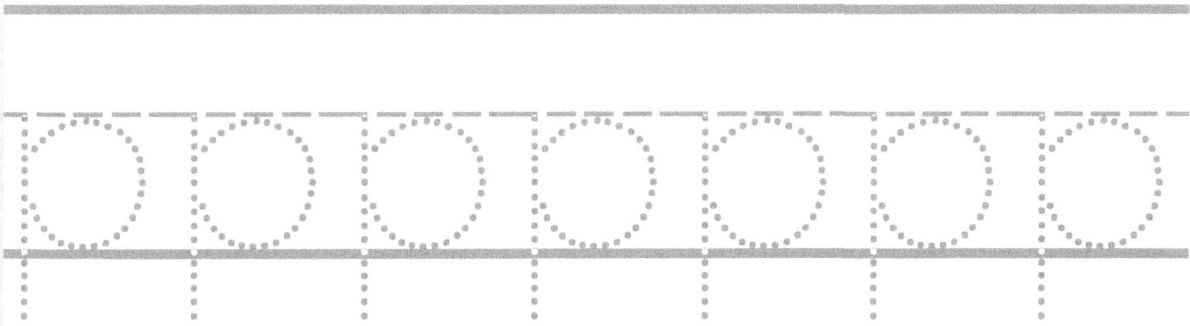

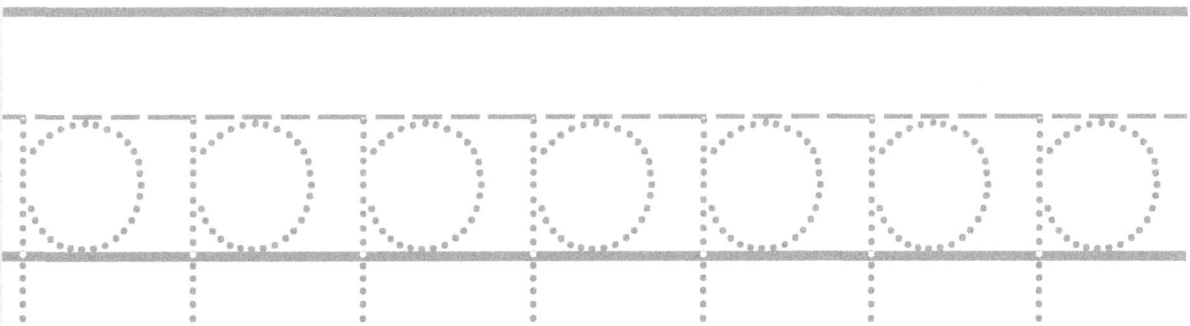

a b c d e f g h i j k l m n o **p** q r s t u v w x y z

Happy School

QUAGLIA

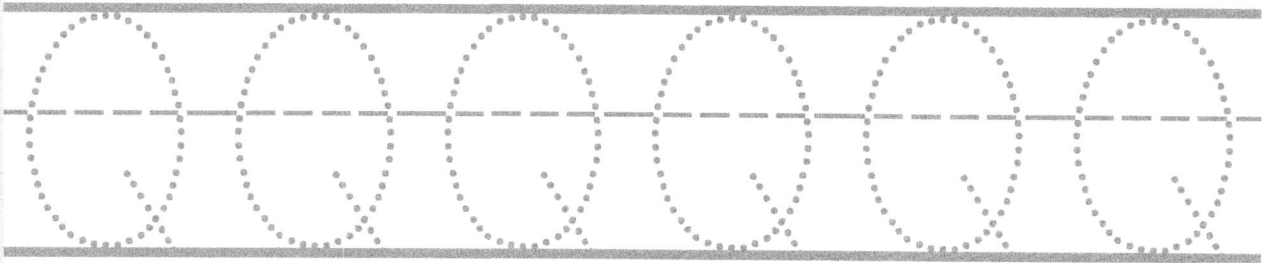

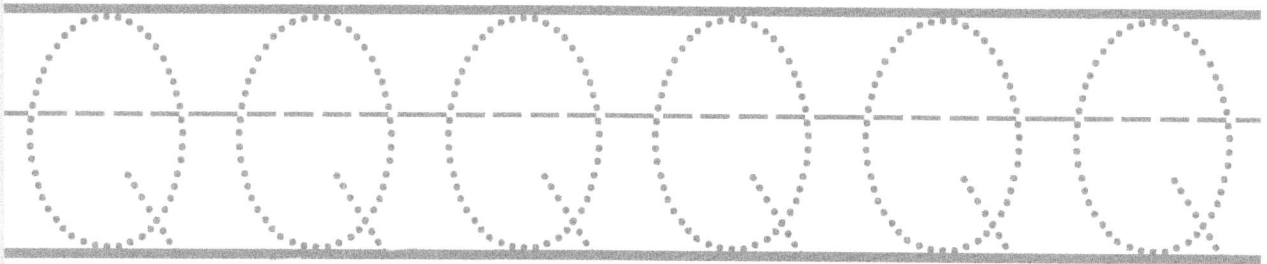

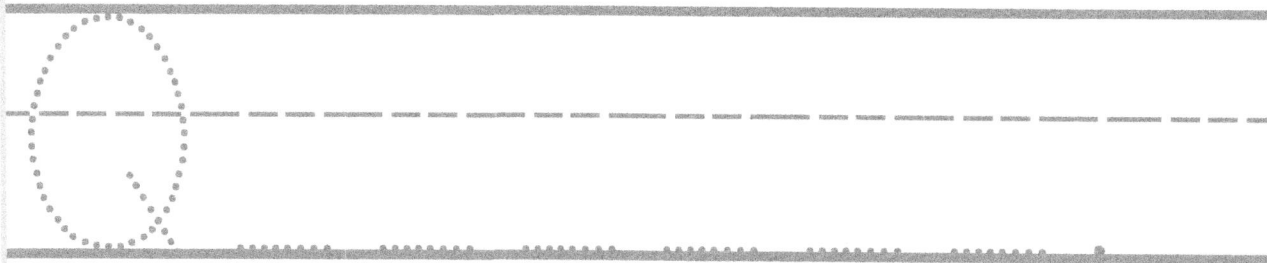

A B C D E F G H I J K L M N O P Q R S T U V W X Y Z

40

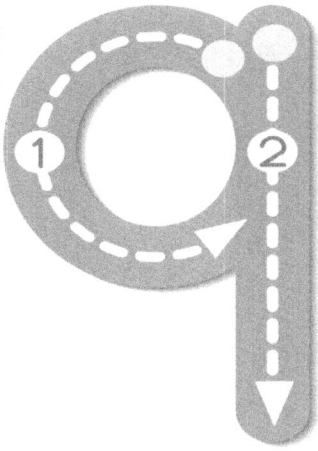 

quadro

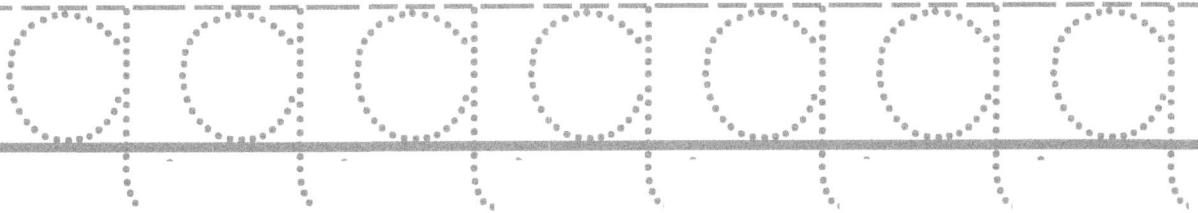

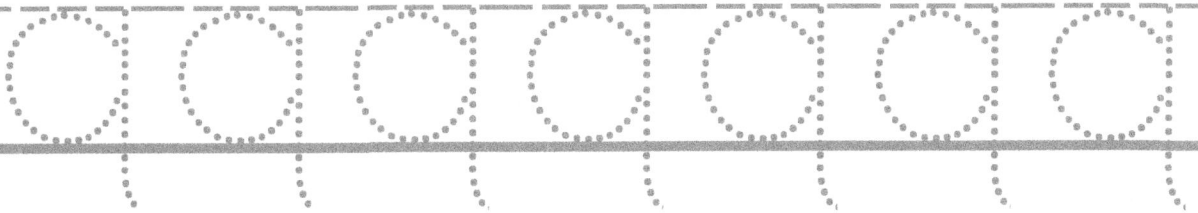

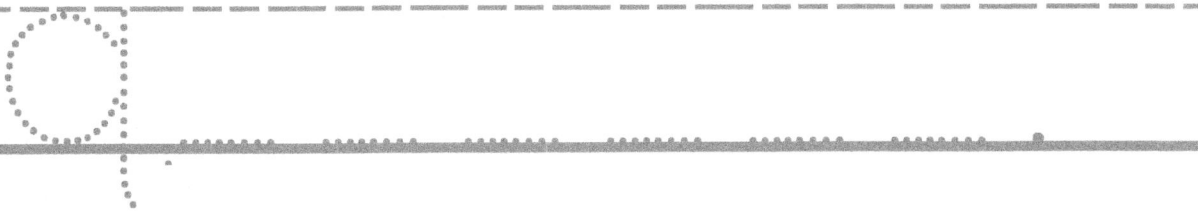

a b c d e f g h i j k l m n o p **q** r s t u v w x y z

41

Happy School

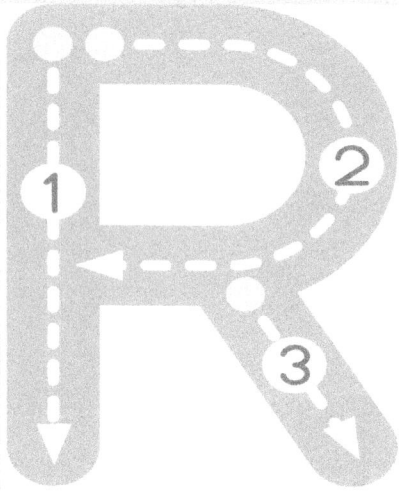 

RANA

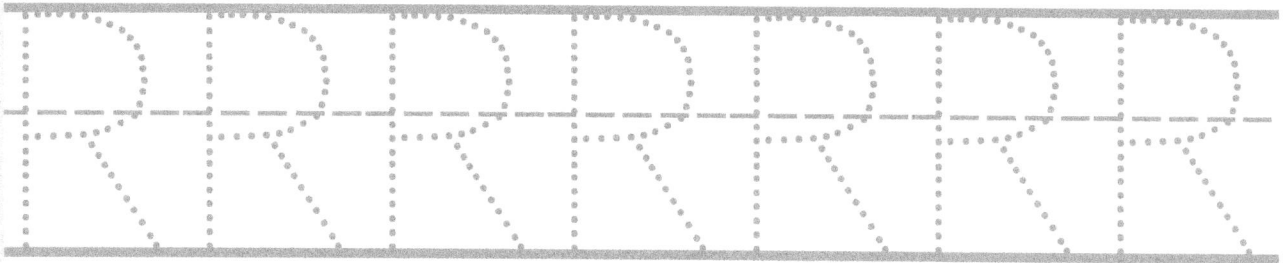

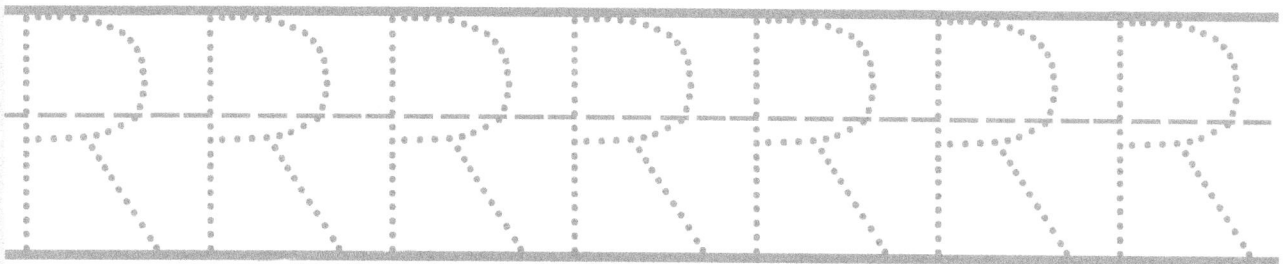

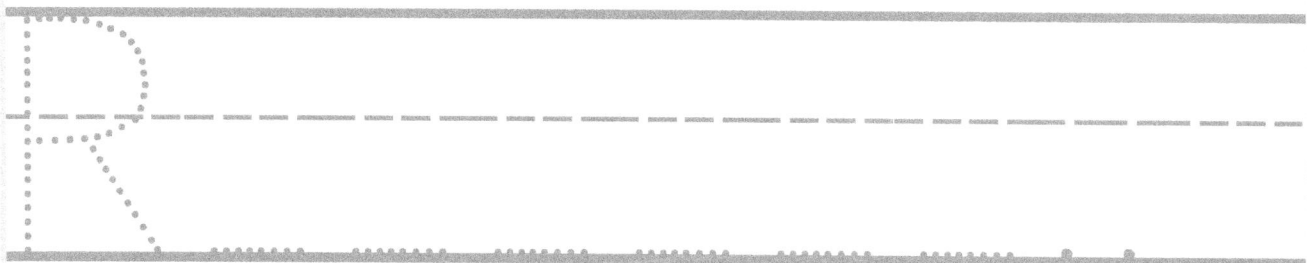

A B C D E F G H I J K L M N O P Q **R** S T U V W X Y Z

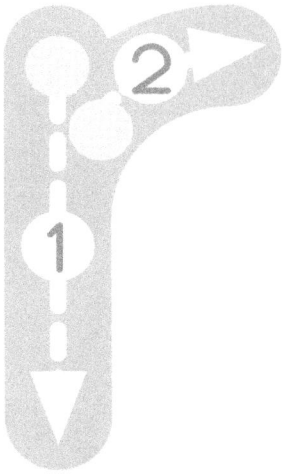

racchetta

a b c d e f g h i j k l m n o p q **r** s t u v w x y z

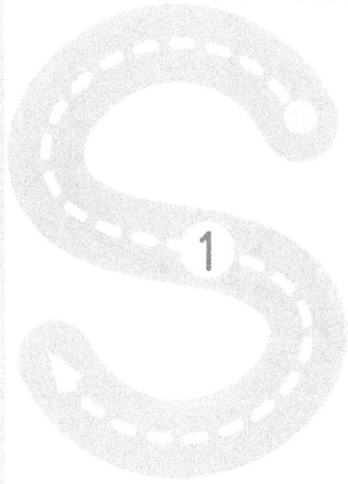

S SERPENTE

S S S S S S S S

S S S S S S S S

S

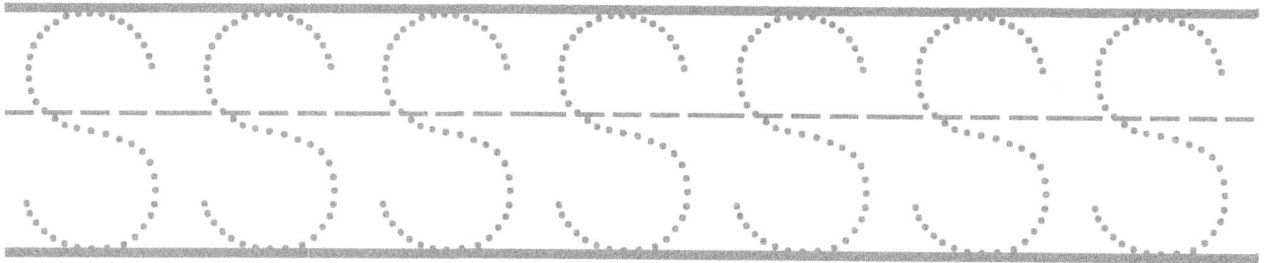

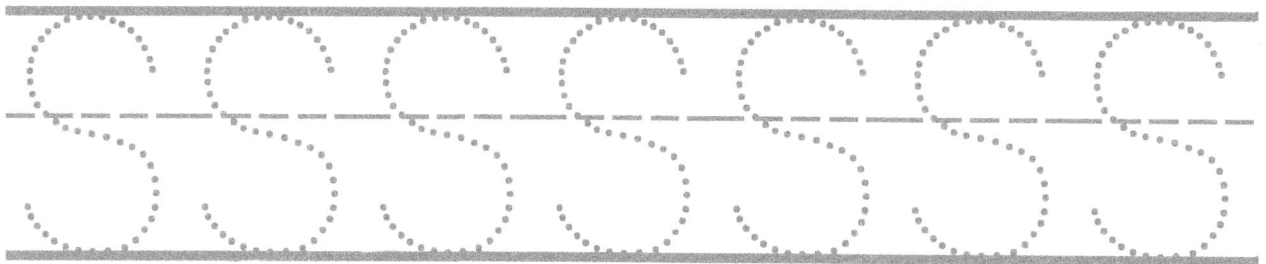

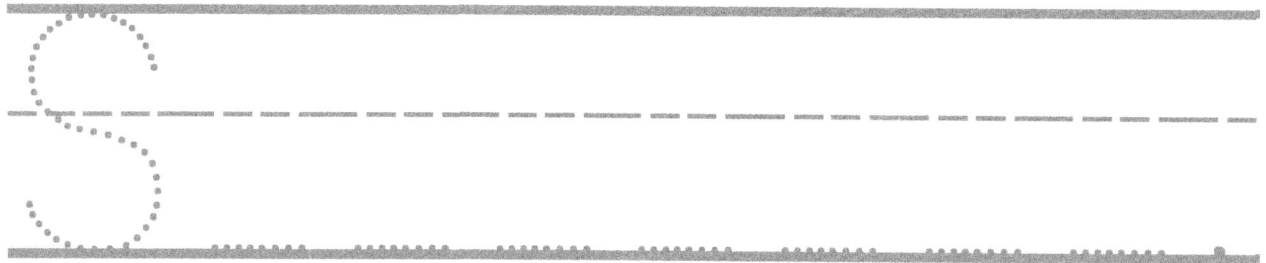

A B C D E F G H I J K L M N O P Q R **S** T U V W X Y Z

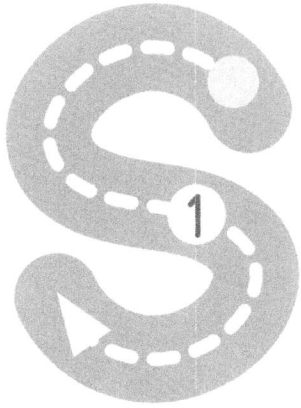 

scala

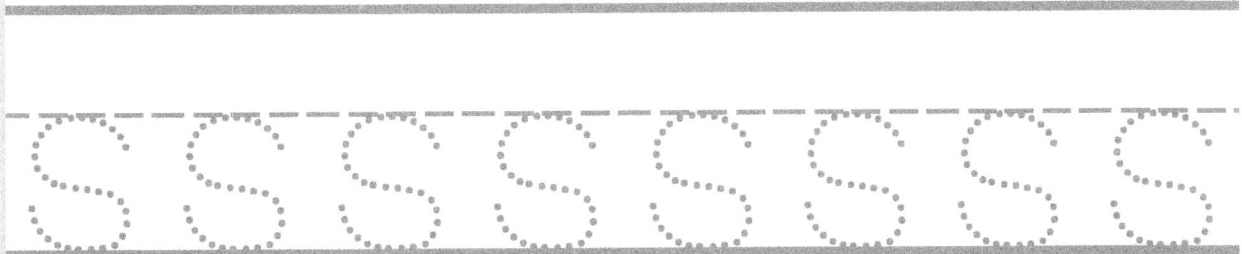

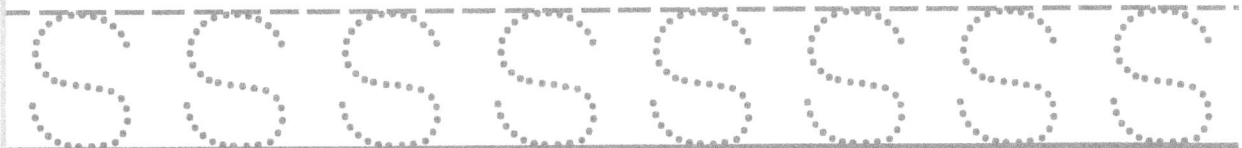

a b c d e f g h i j k l m n o p q r **s** t u v w x y z

T ASSO

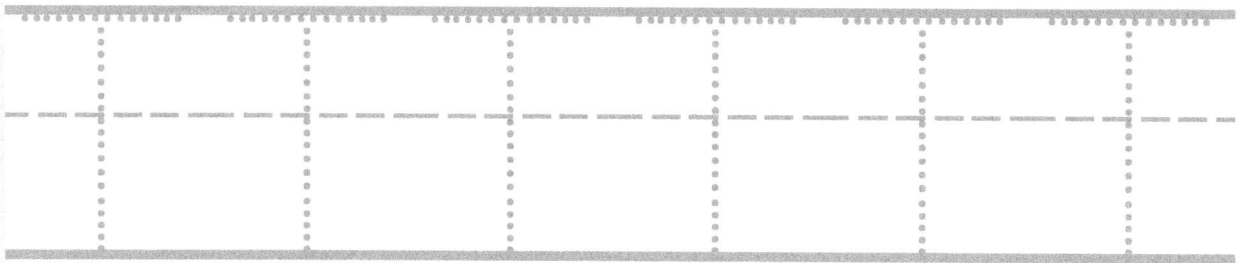

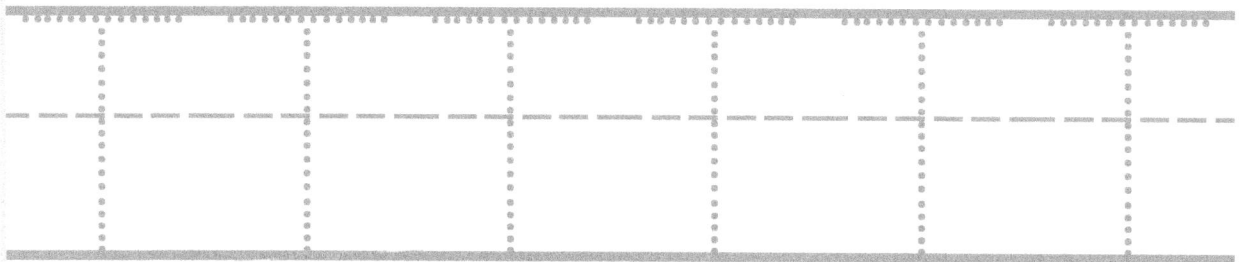

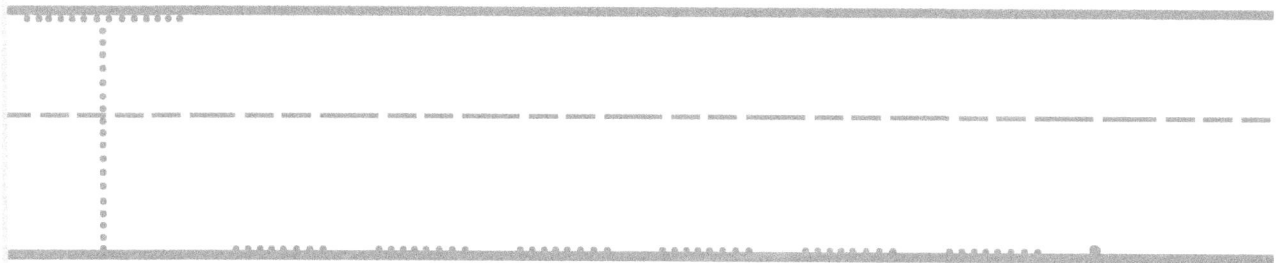

A B C D E F G H I J K L M N O P Q R S **T** U V W X Y Z

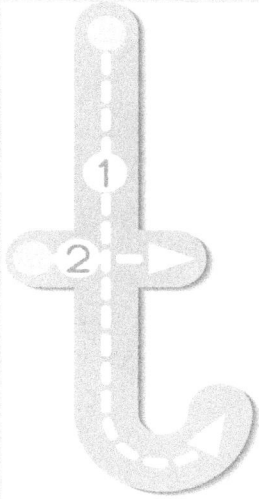

tappo

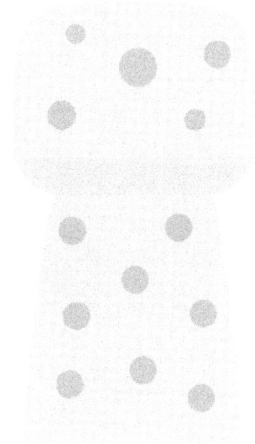

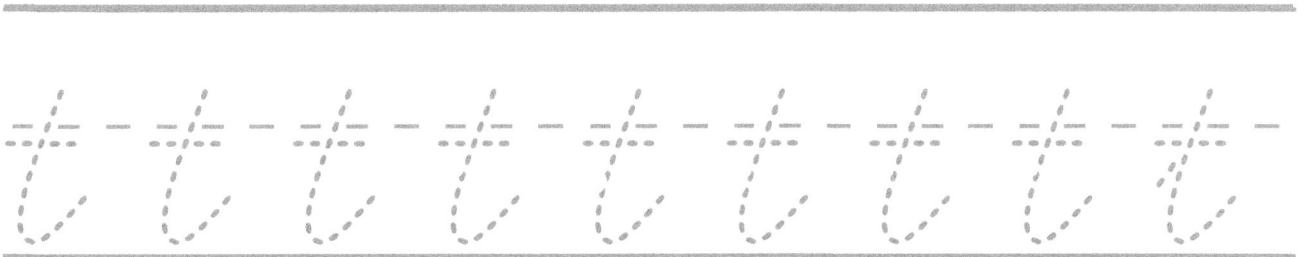

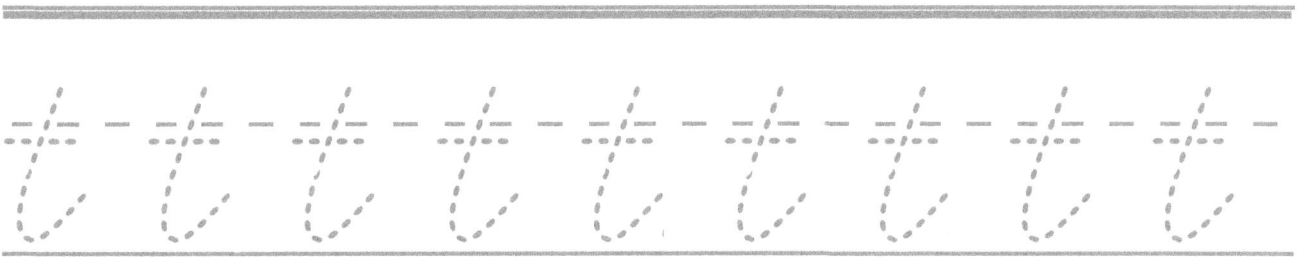

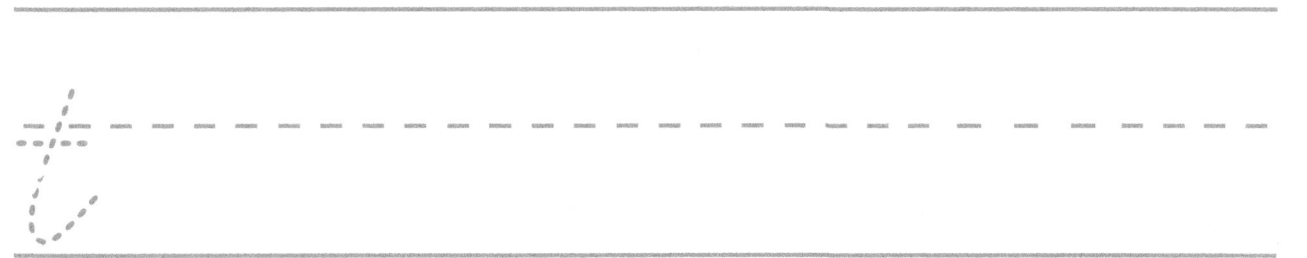

a b c d e f g h i j k l m n o p q r s **t** u v w x y z

UCCELLO

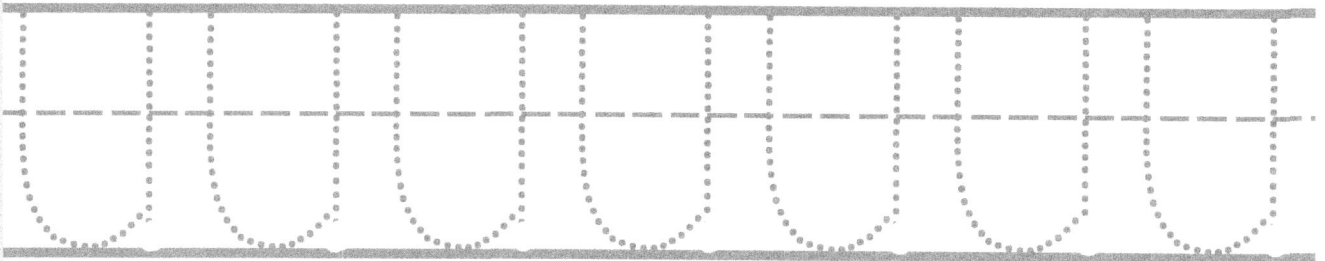

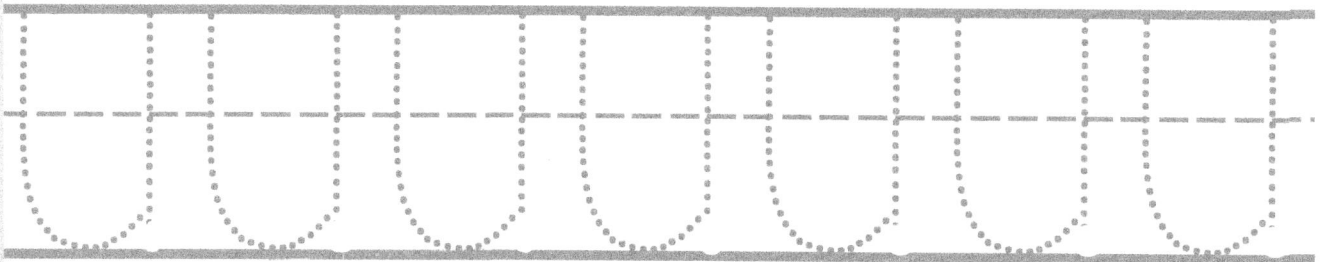

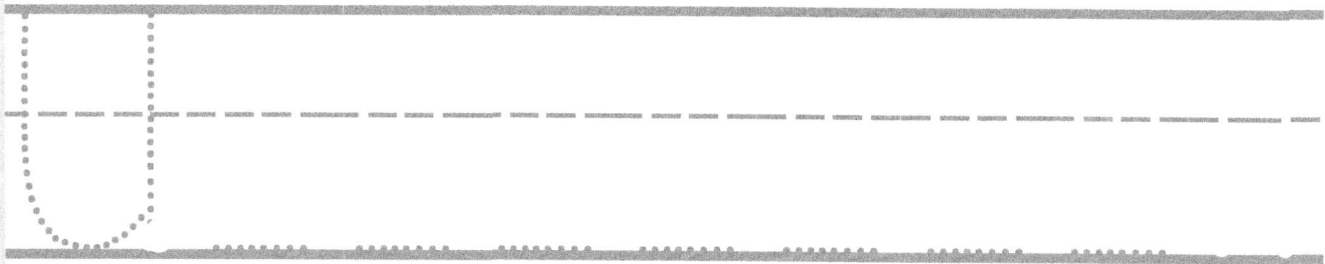

A B C D E F G H I J K L M N O P Q R S T **U** V W X Y Z

ufo

U U U U U U U U U U

U U U U U U U U U U

U

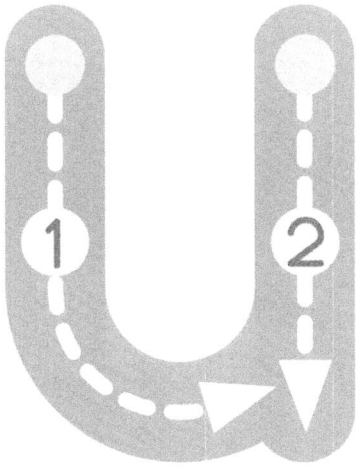

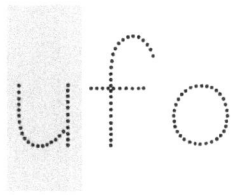

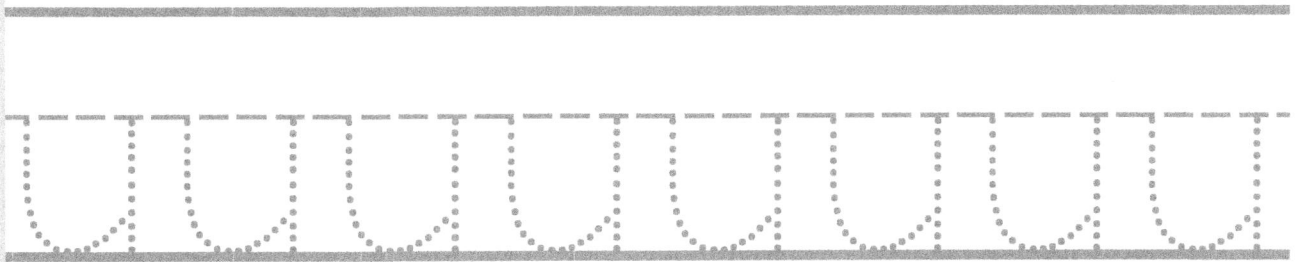

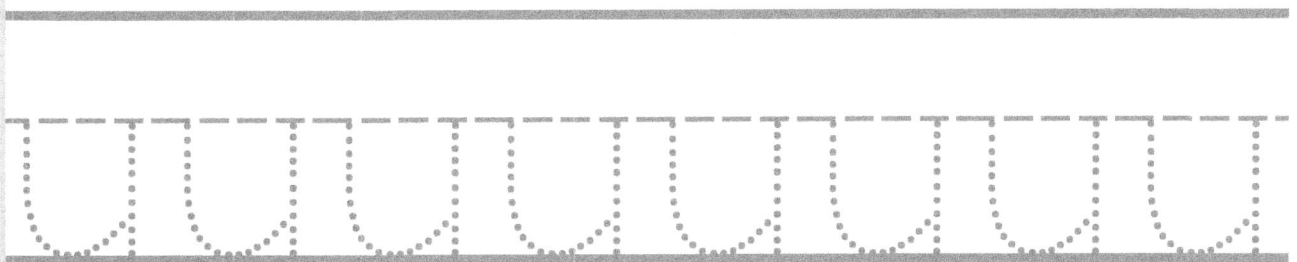

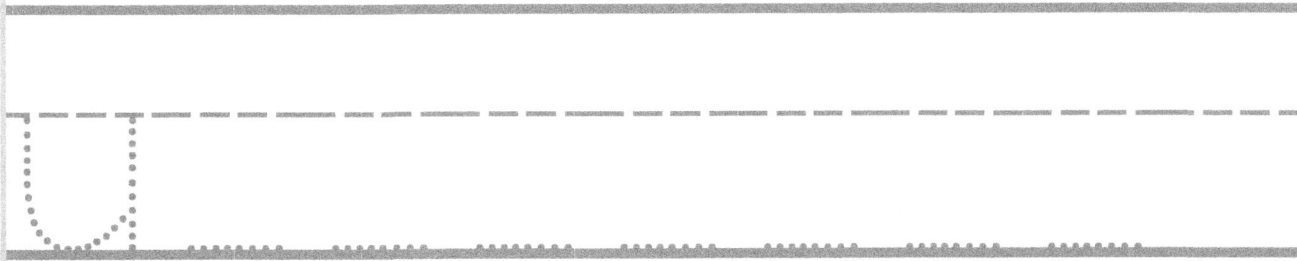

a b c d e f g h i j k l m n o p q r s t u v w x y z

Happy School

V OLPE

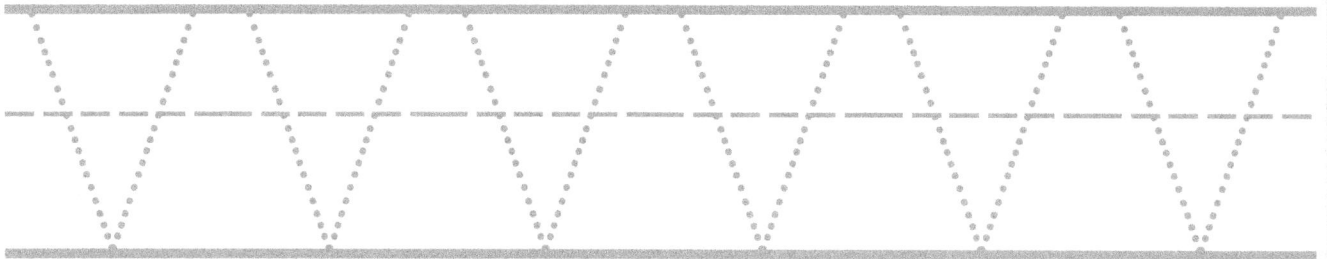

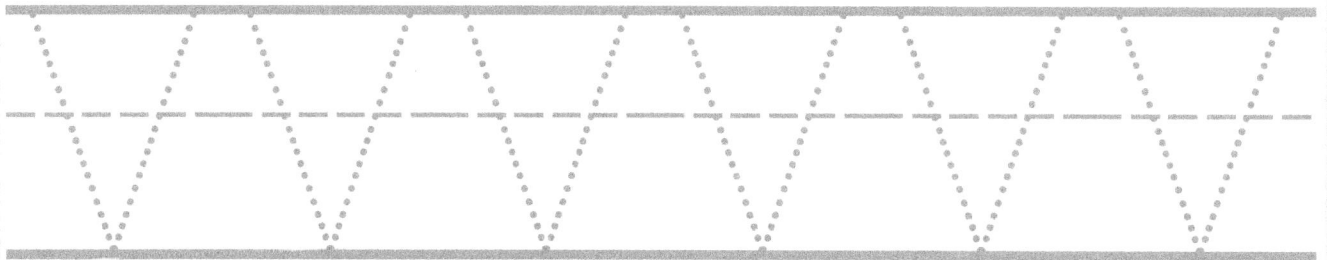

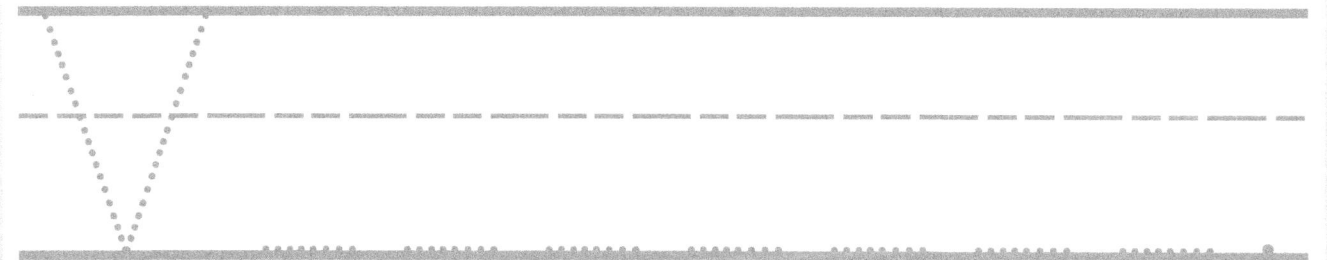

A B C D E F G H I J K L M N O P Q R S T U **V** W X Y Z

valigia

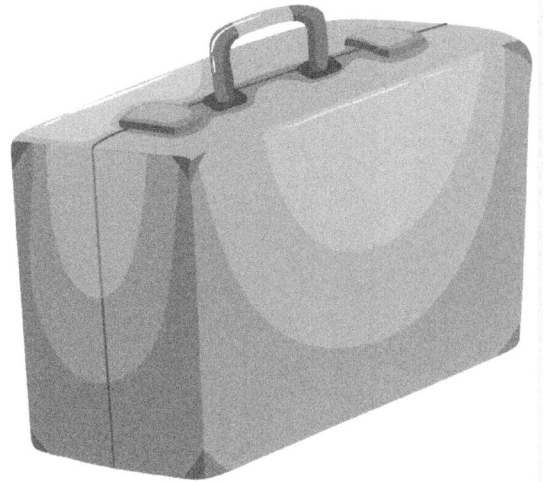

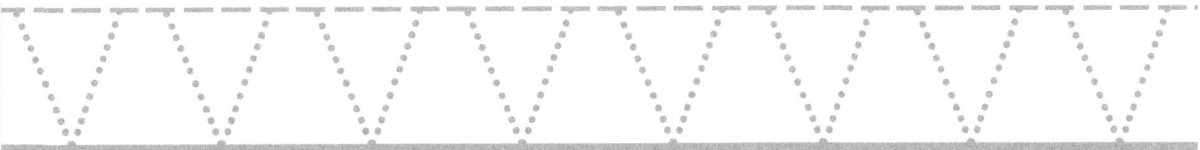

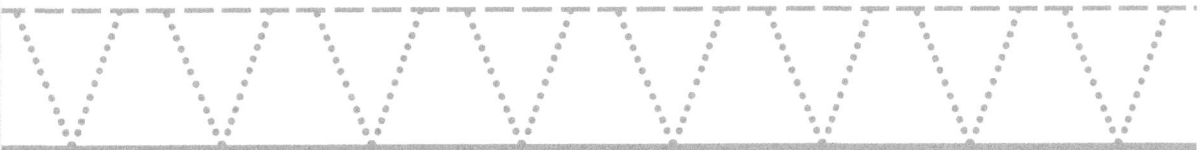

a b c d e f g h i j k l m n o p q r s t u v w x y z

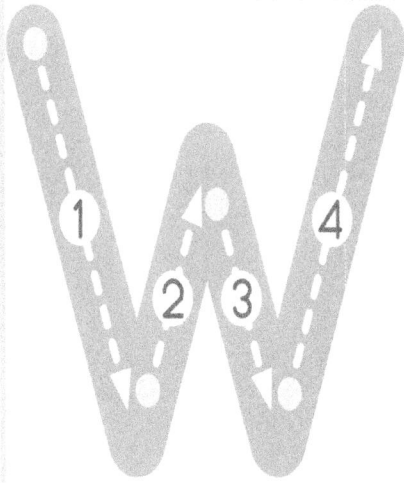

WURSTEL

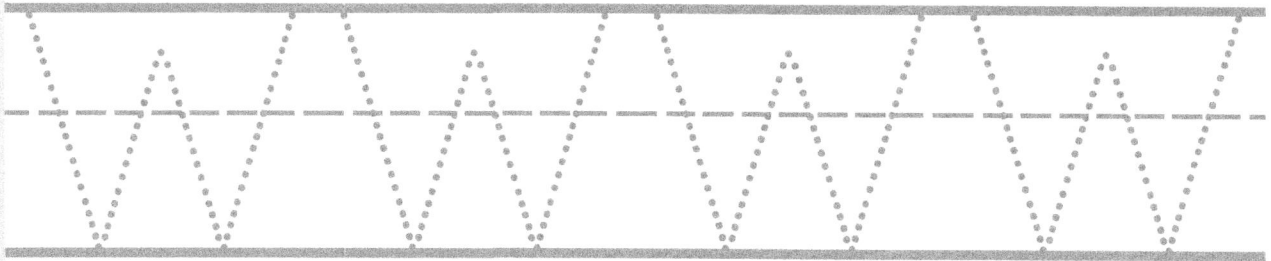

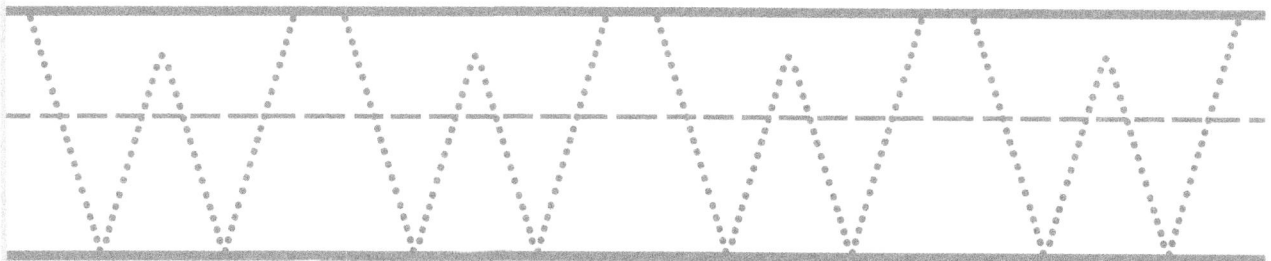

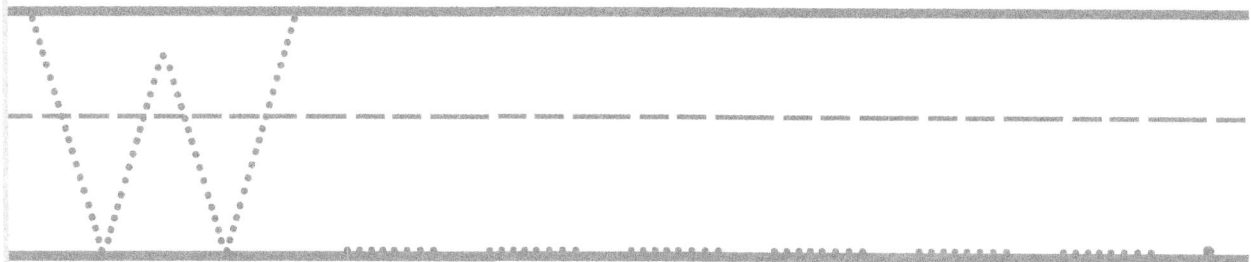

A B C D E F G H I J K L M N O P Q R S T U V W X Y Z

walzer

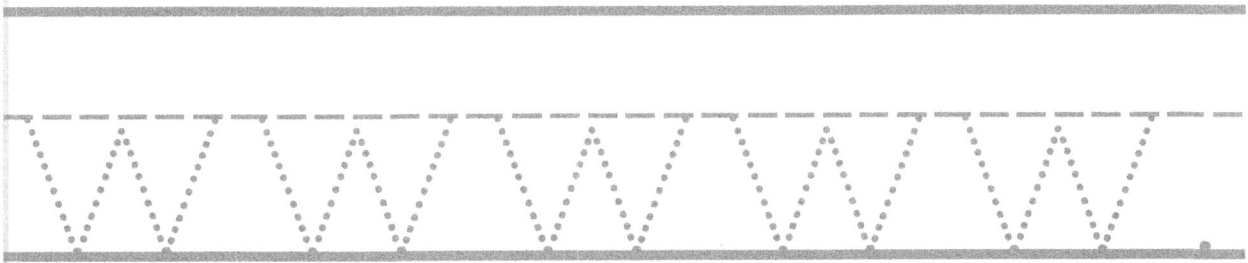

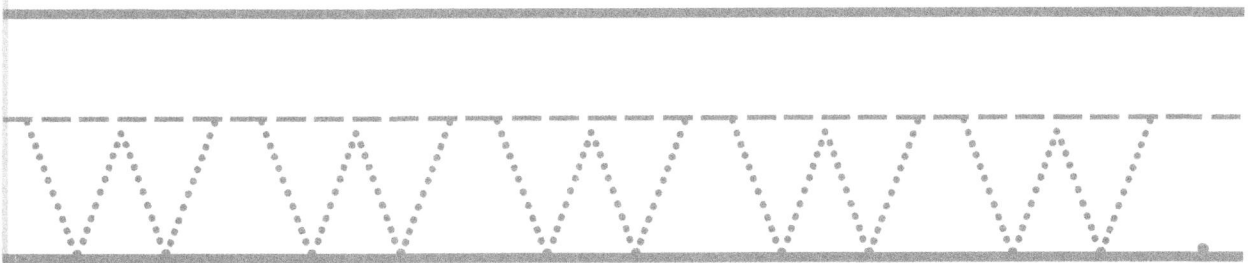

a b c d e f g h i j k l m n o p q r s t u v **w** x y z

53

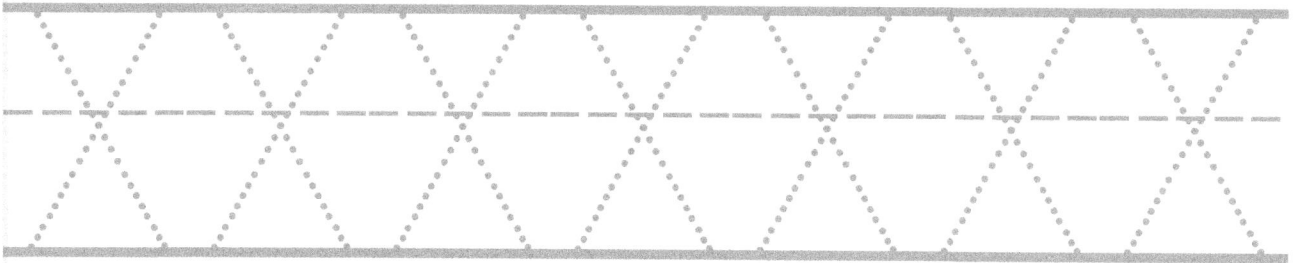

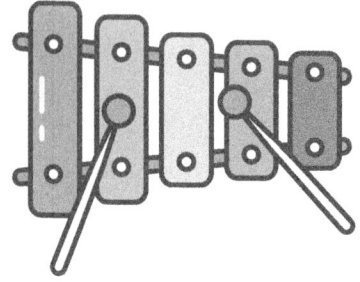

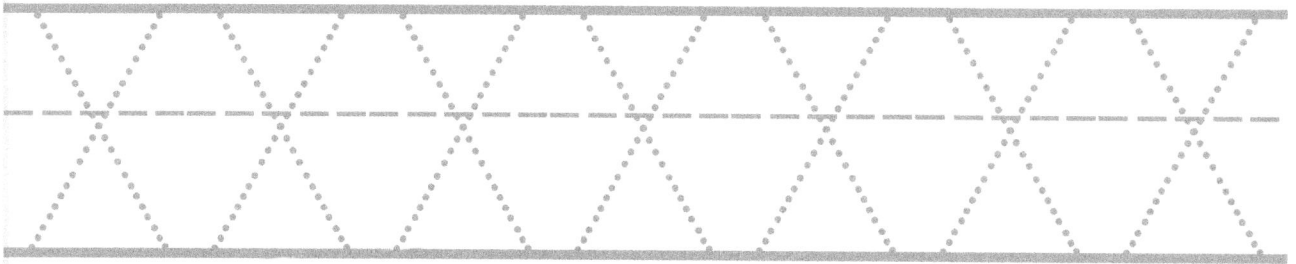

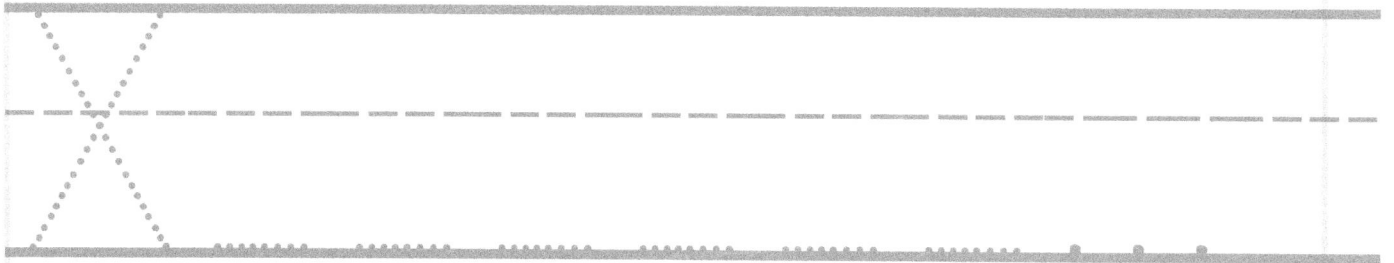

A B C D E F G H I J K L M N O P Q R S T U V W **X** Y Z

X X X X X X X X

X X X X X X X X

X

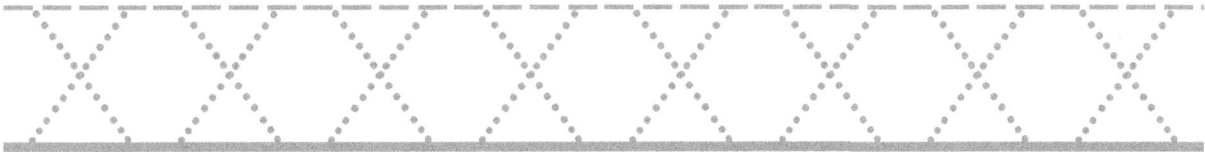

a b c d e f g h i j k l m n o p q r s t u v w **x** y z

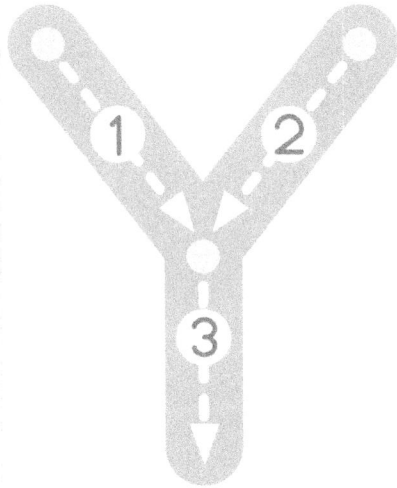

yeti

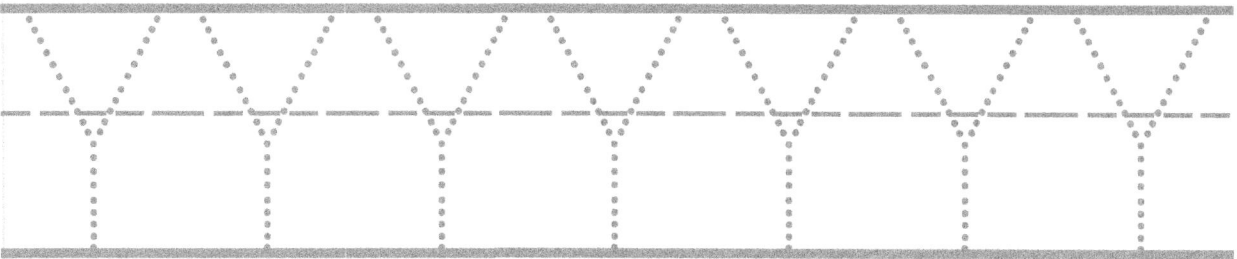

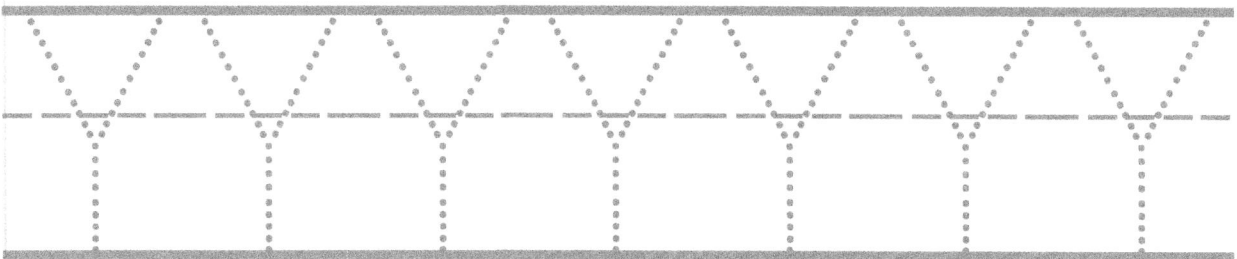

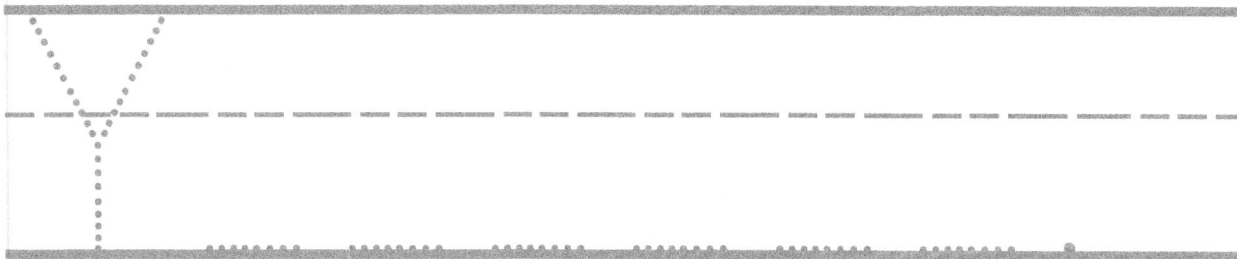

A B C D E F G H I J K L M N O P Q R S T U V W X **Y** Z

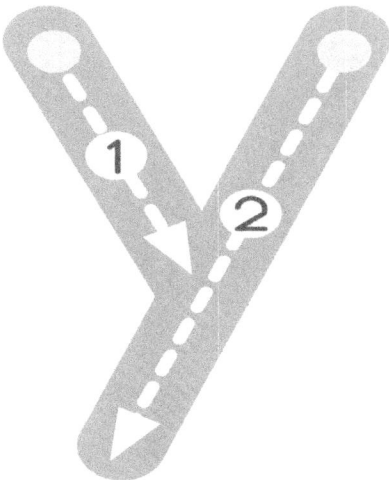

YO–YO

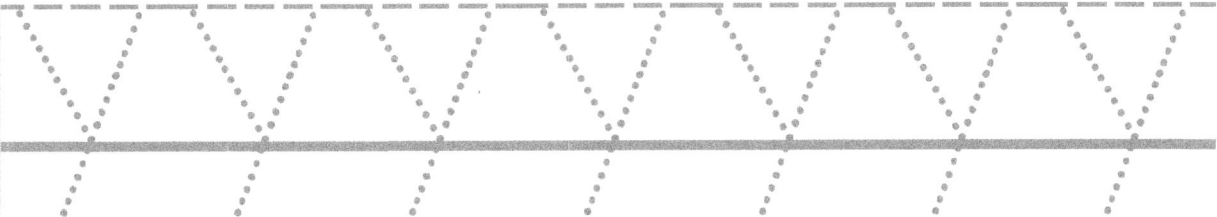

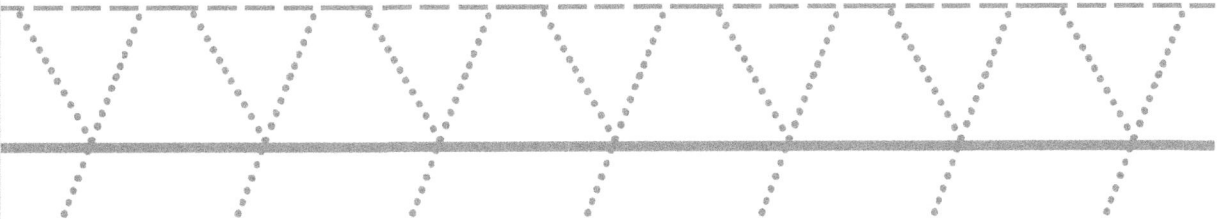

a b c d e f g h i j k l m n o p q r s t u v w x y z

Happy School

ZEBRA

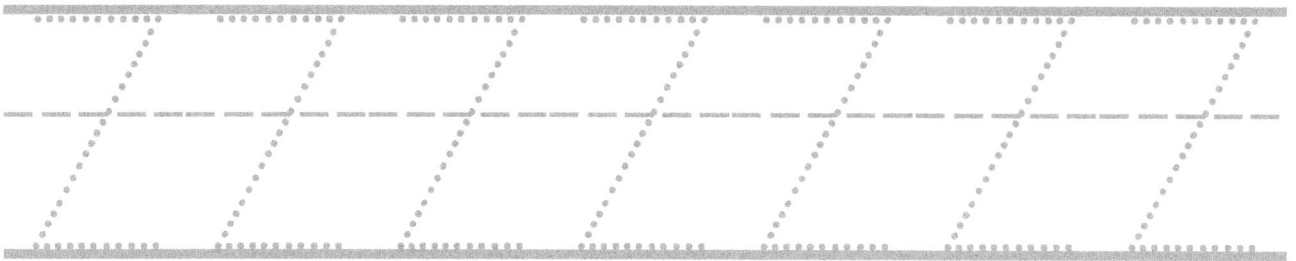

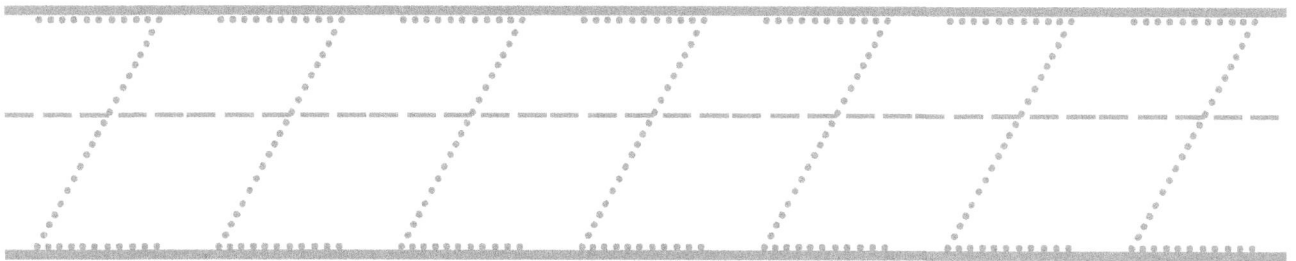

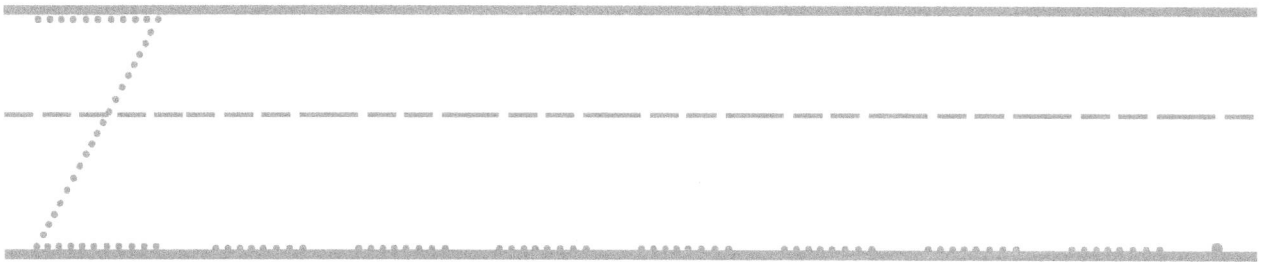

A B C D E F G H I J K L M N O P Q R S T U V W X Y Z

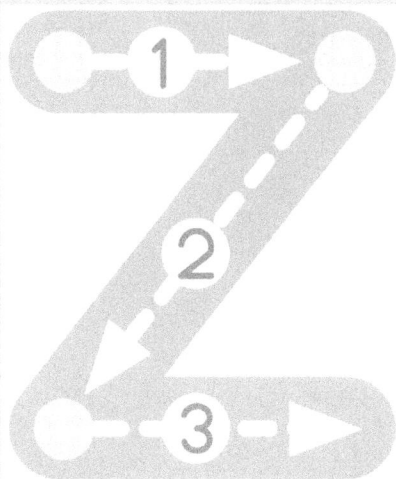

ZEBRA

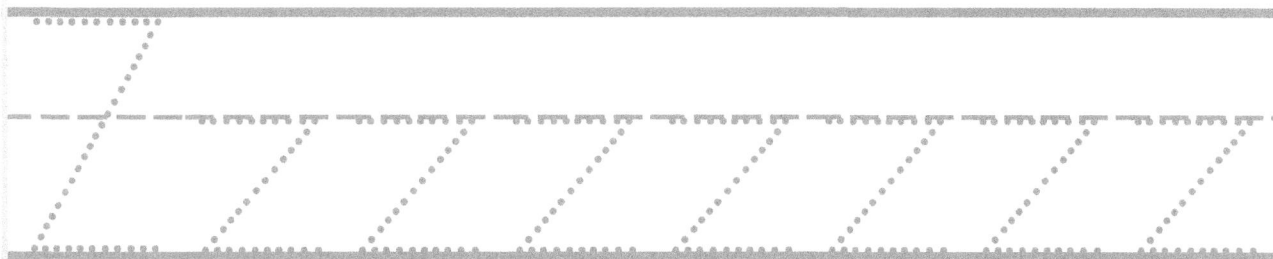

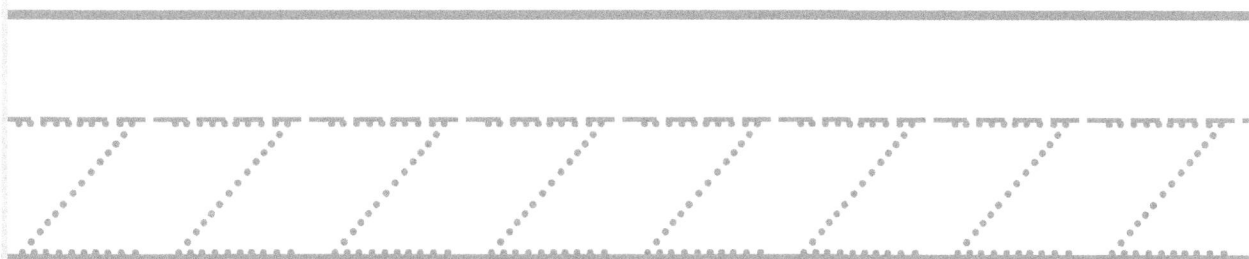

a b c d e f g h i j k l m n o p q r s t u v w x y z

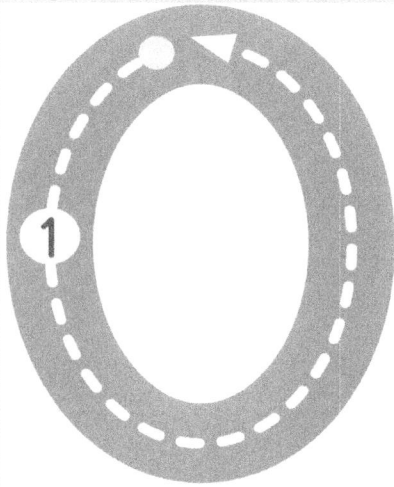

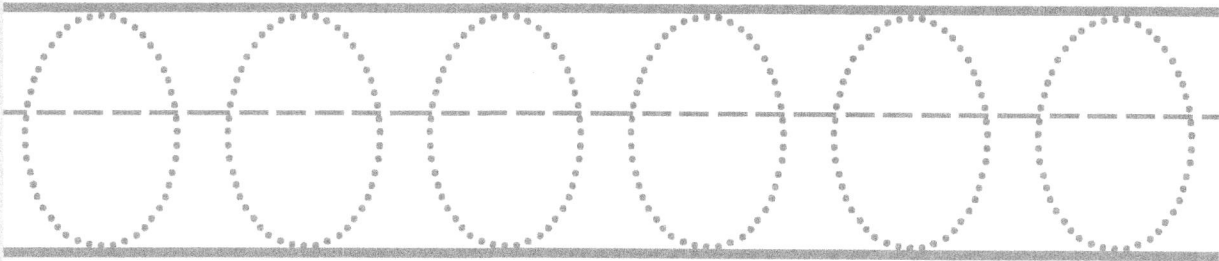

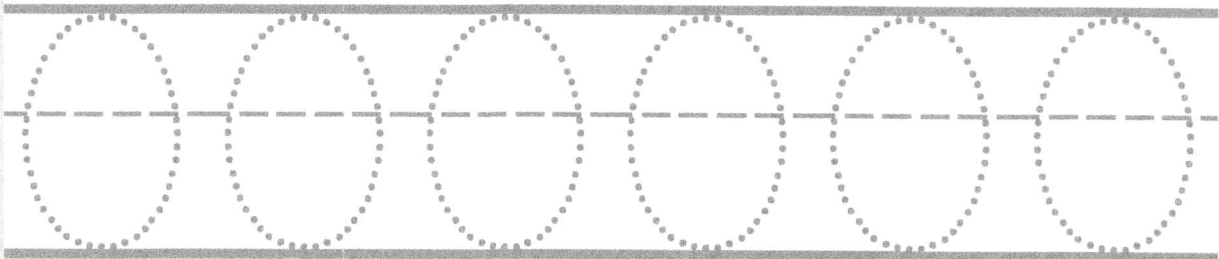

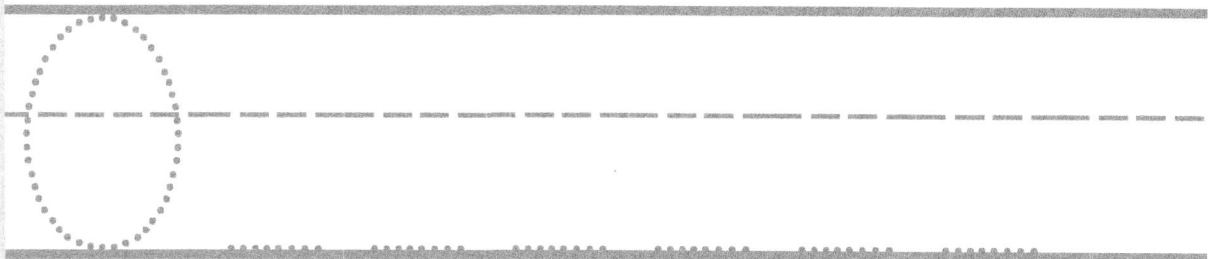

0 1 2 3 4 5 6 7 8 9

UNO

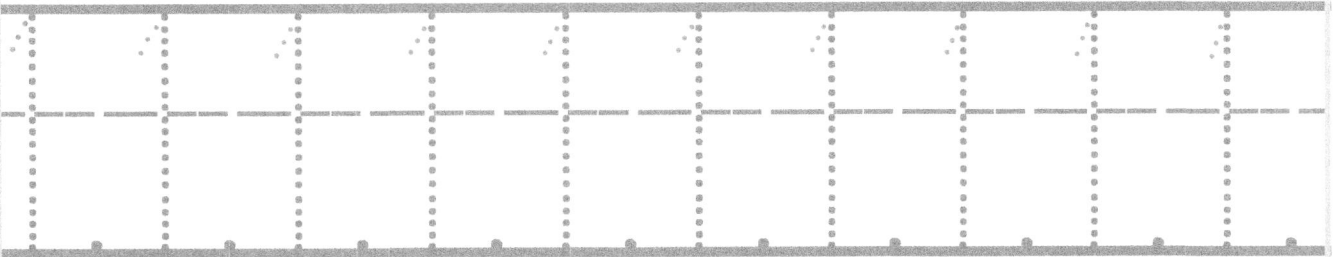

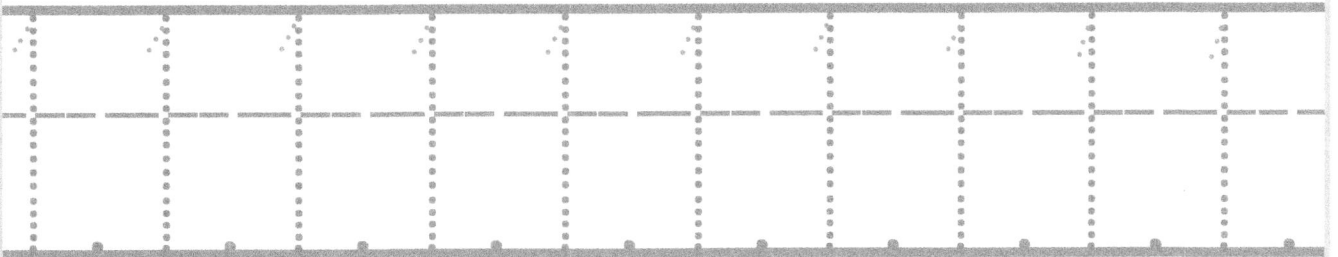

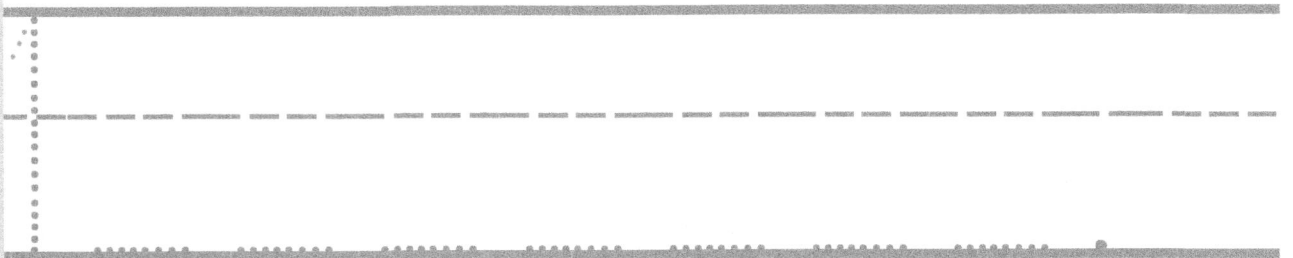

0 **1** 2 3 4 5 6 7 8 9

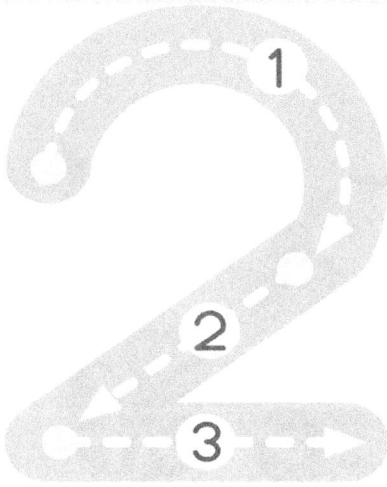

DUE

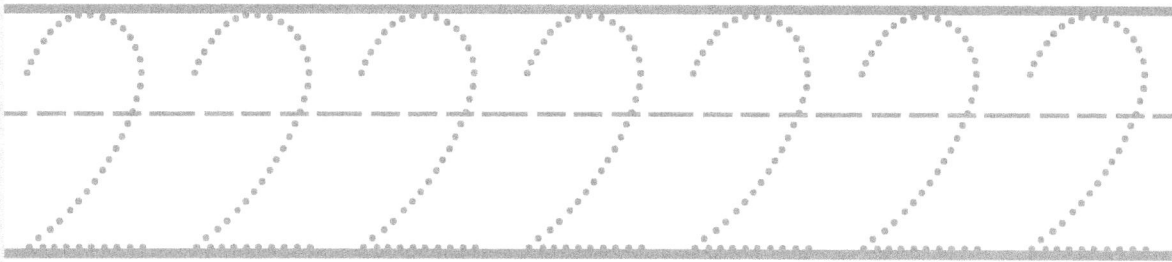

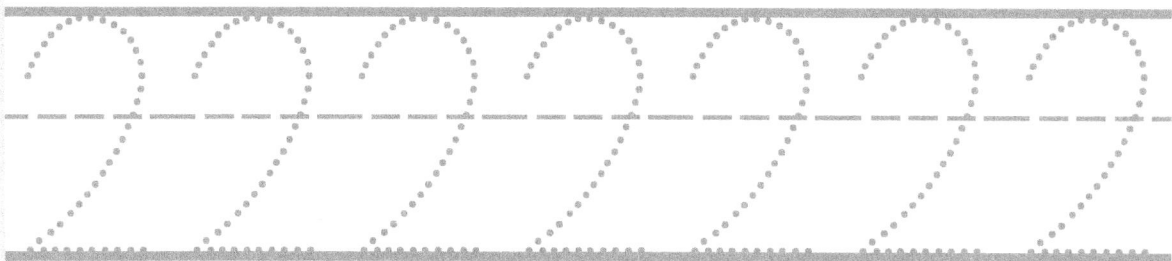

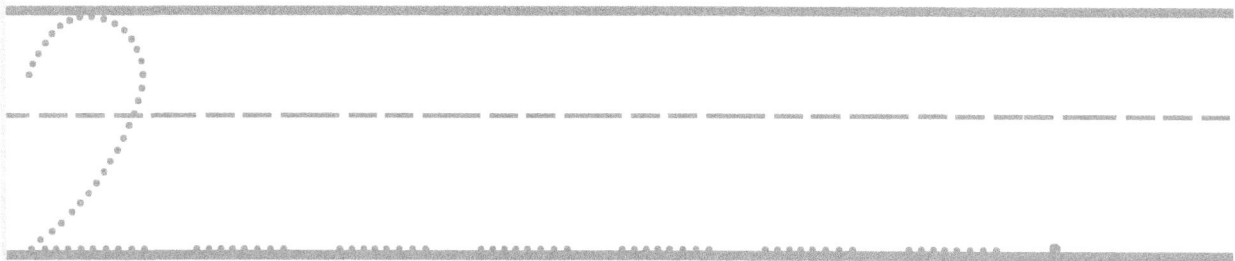

0 1 **2** 3 4 5 6 7 8 9

TRE

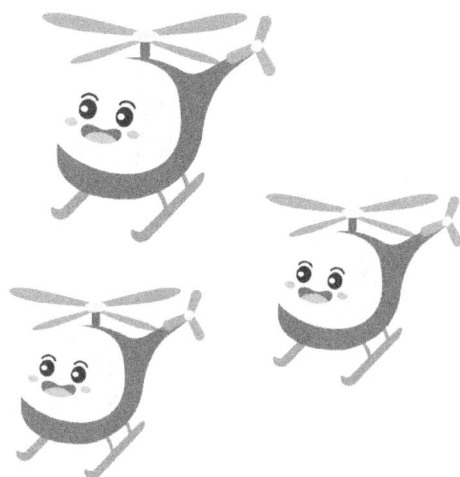

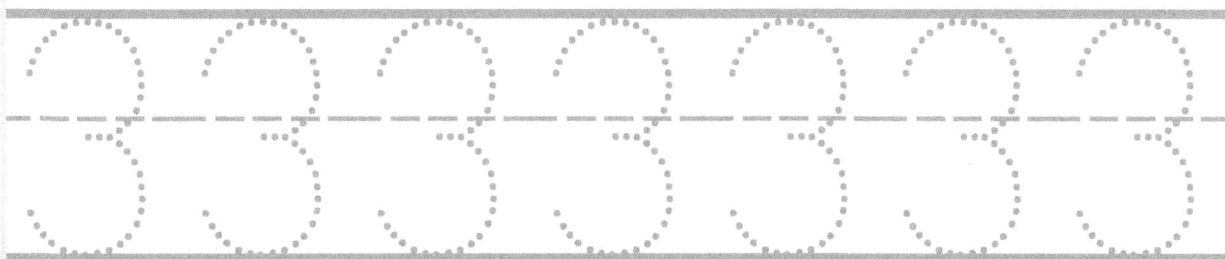

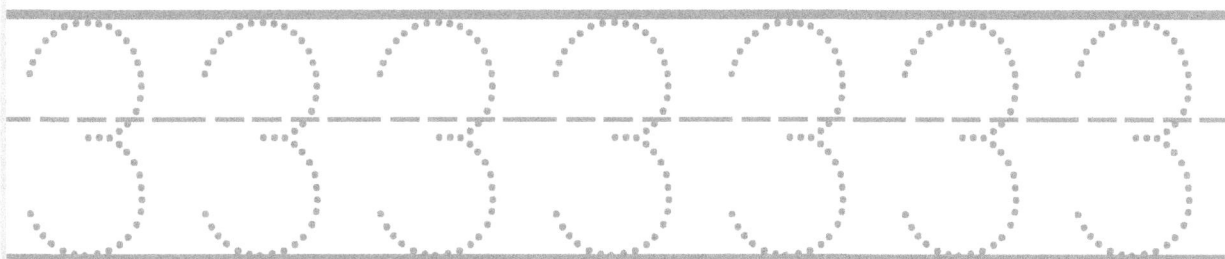

0 1 2 **3** 4 5 6 7 8 9

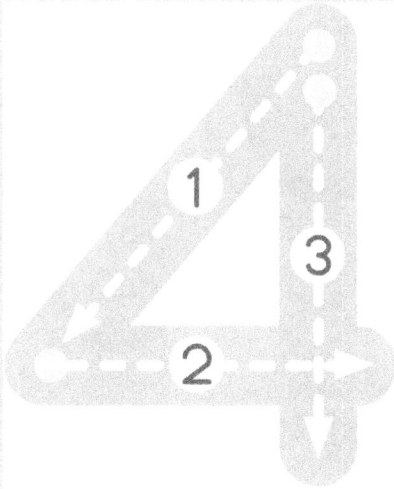

QUATTRO

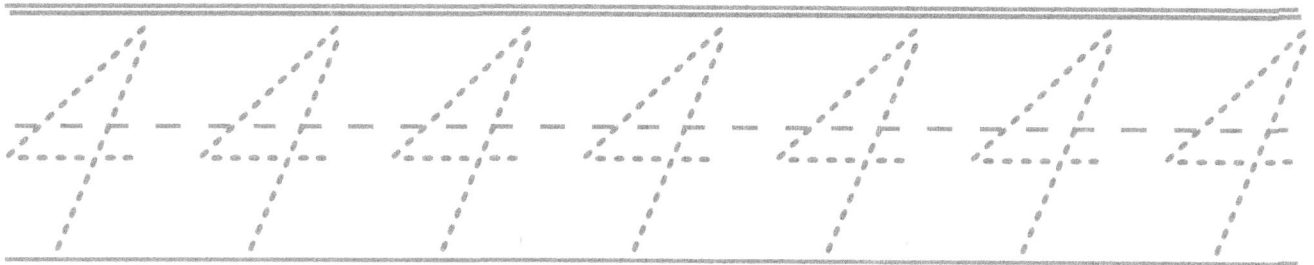

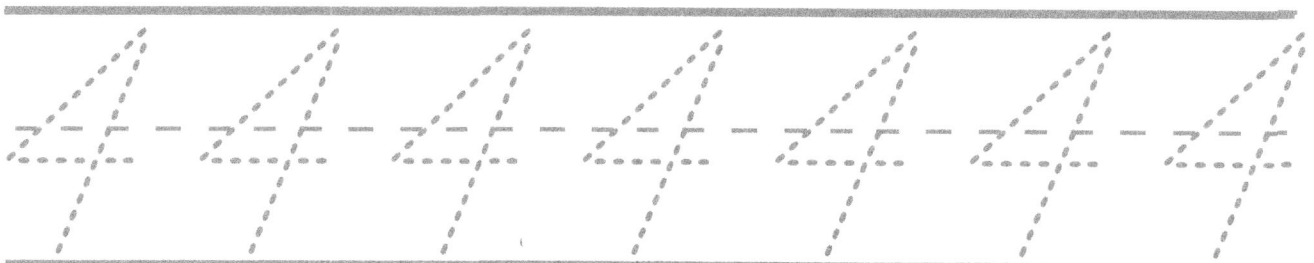

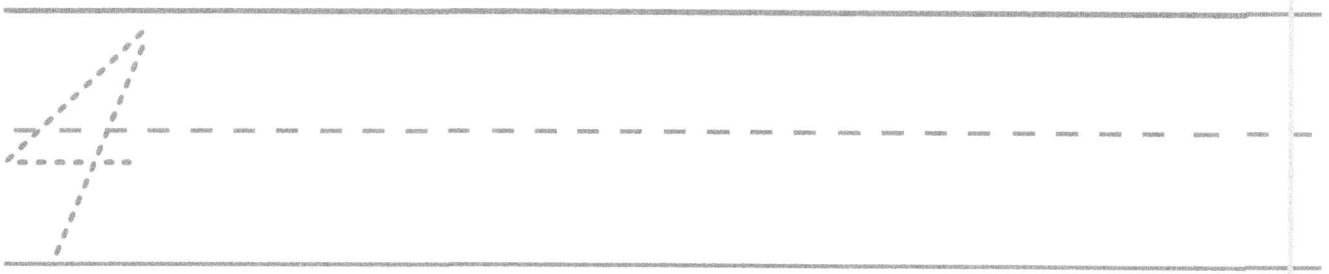

0 1 2 3 **4** 5 6 7 8 9

CINQUE

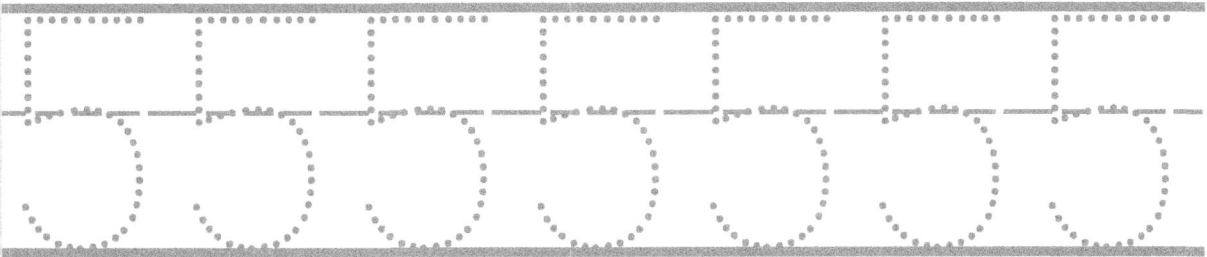

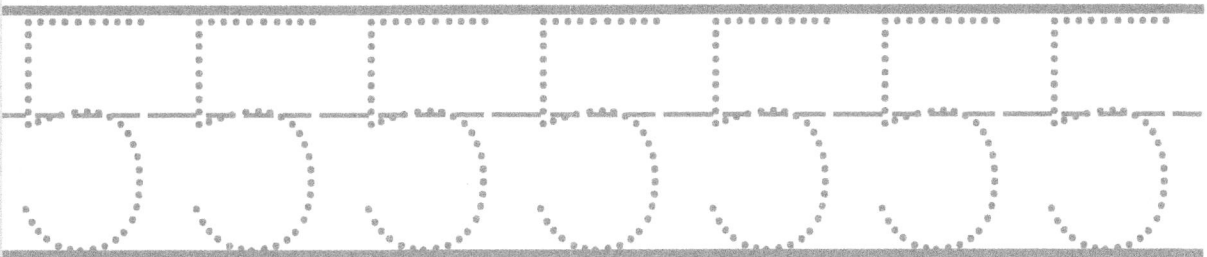

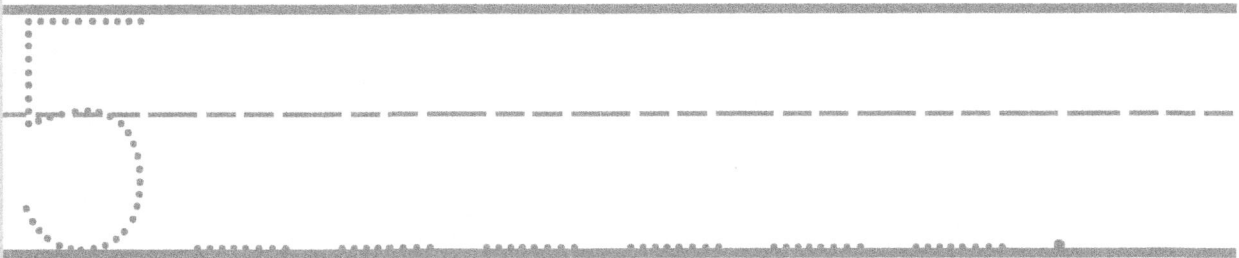

0 1 2 3 4 **5** 6 7 8 9

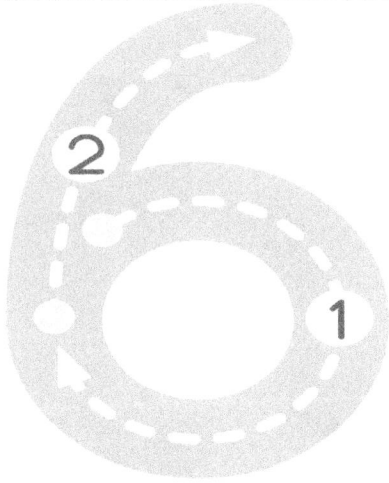

SEI

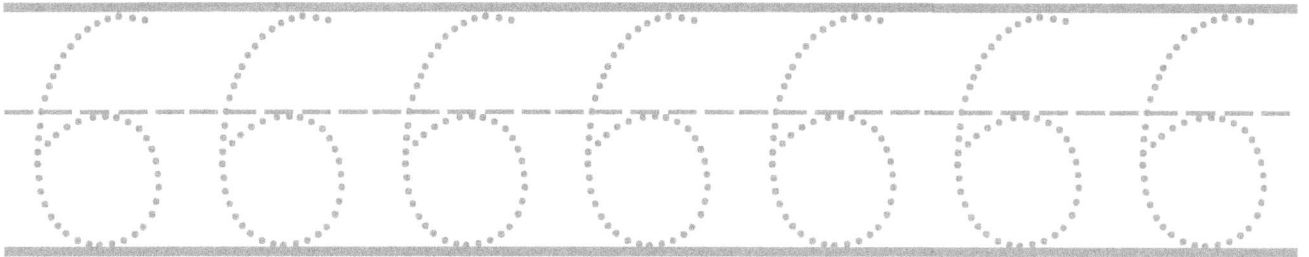

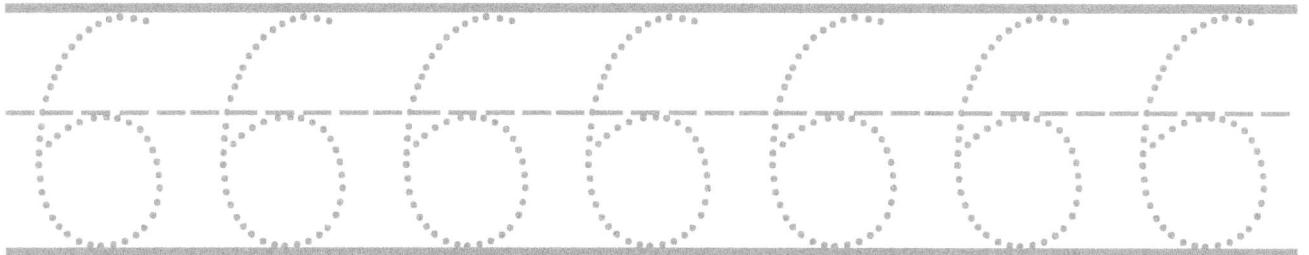

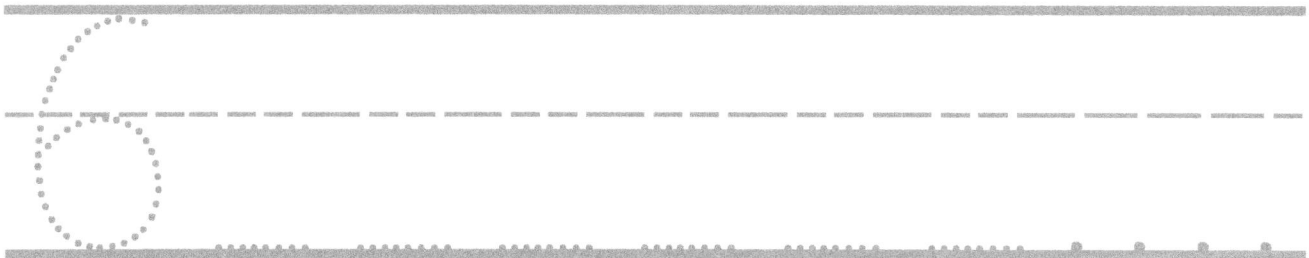

1 2 3 4 5 **6** 7 8 9

SETTE

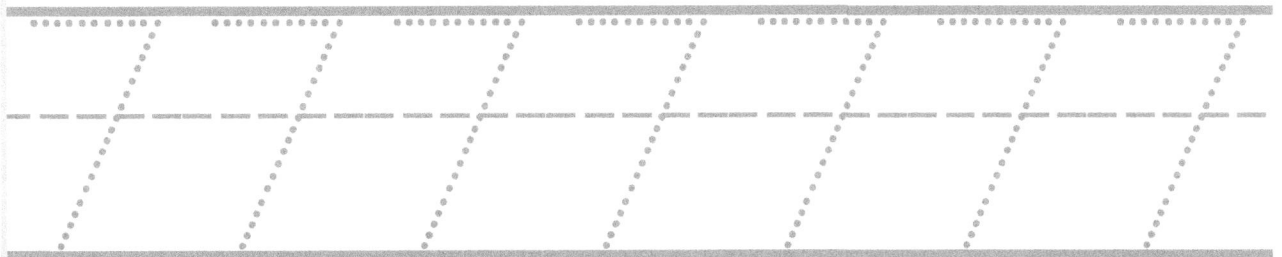

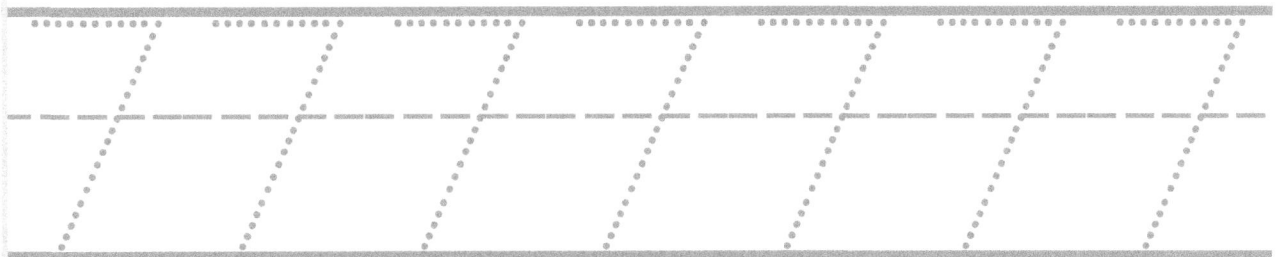

0 1 2 3 4 5 6 **7** 8 9

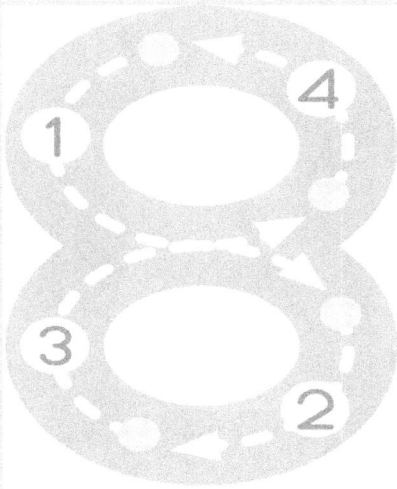

OTTO

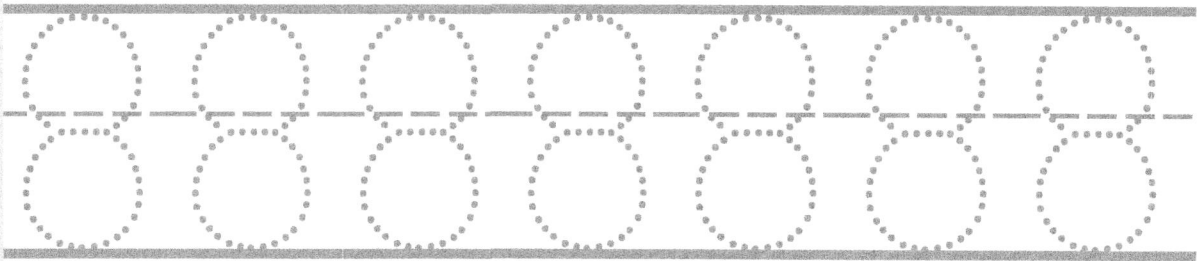

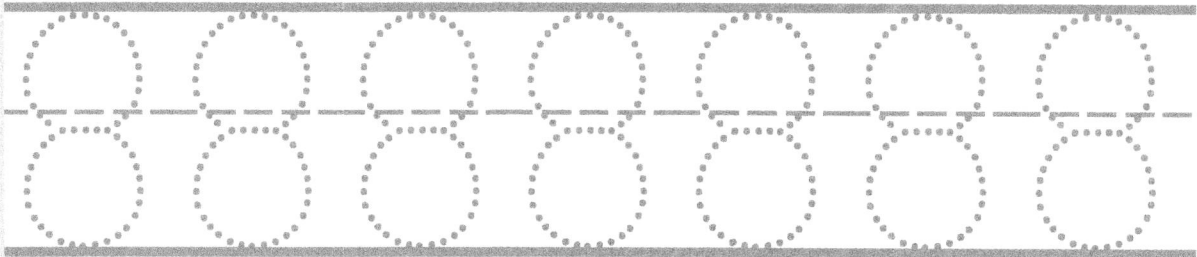

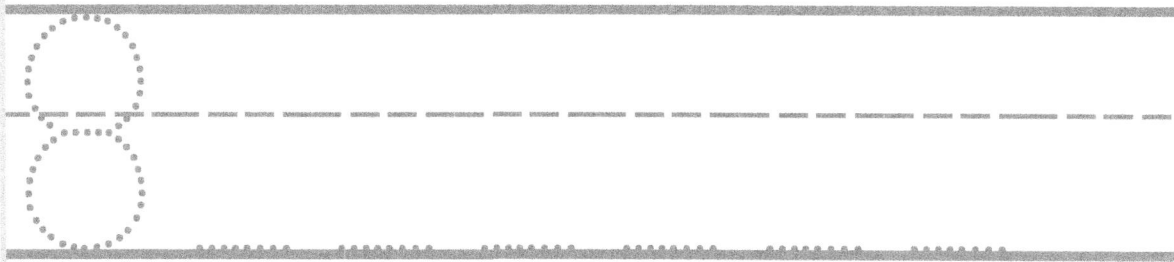

0 1 2 3 4 5 6 7 **8** 9

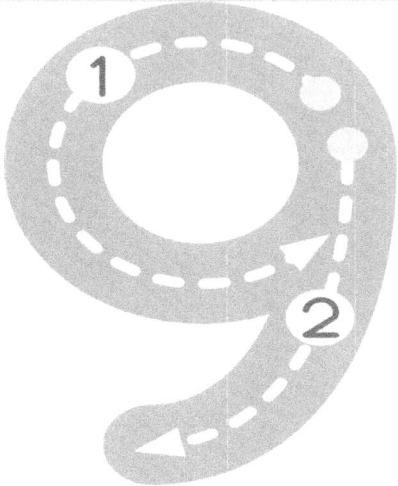

N O V E

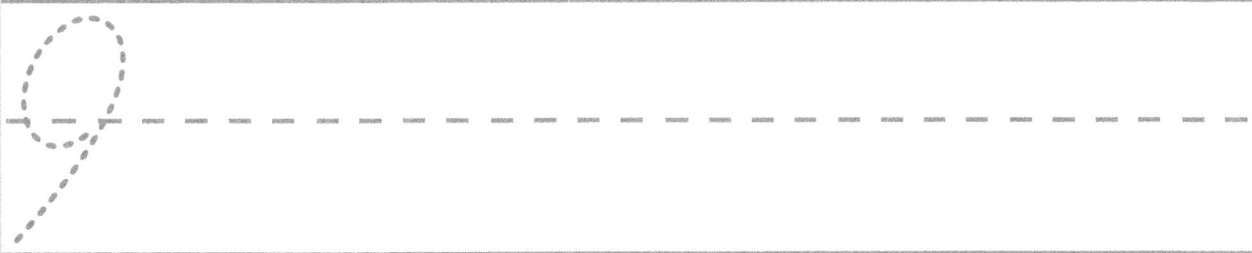

0 1 2 3 4 5 6 7 8 9

SEGUI I TRACCIATI

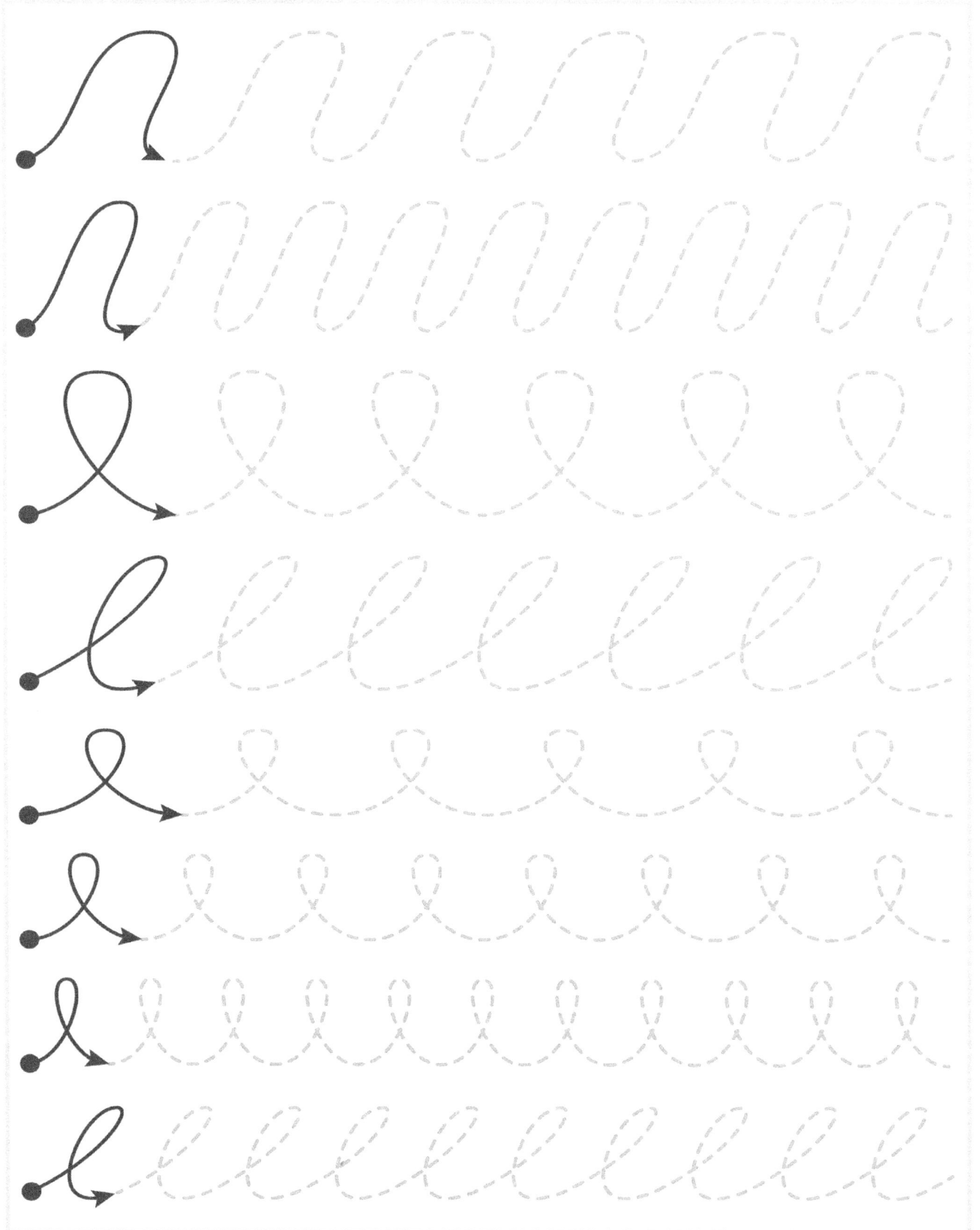

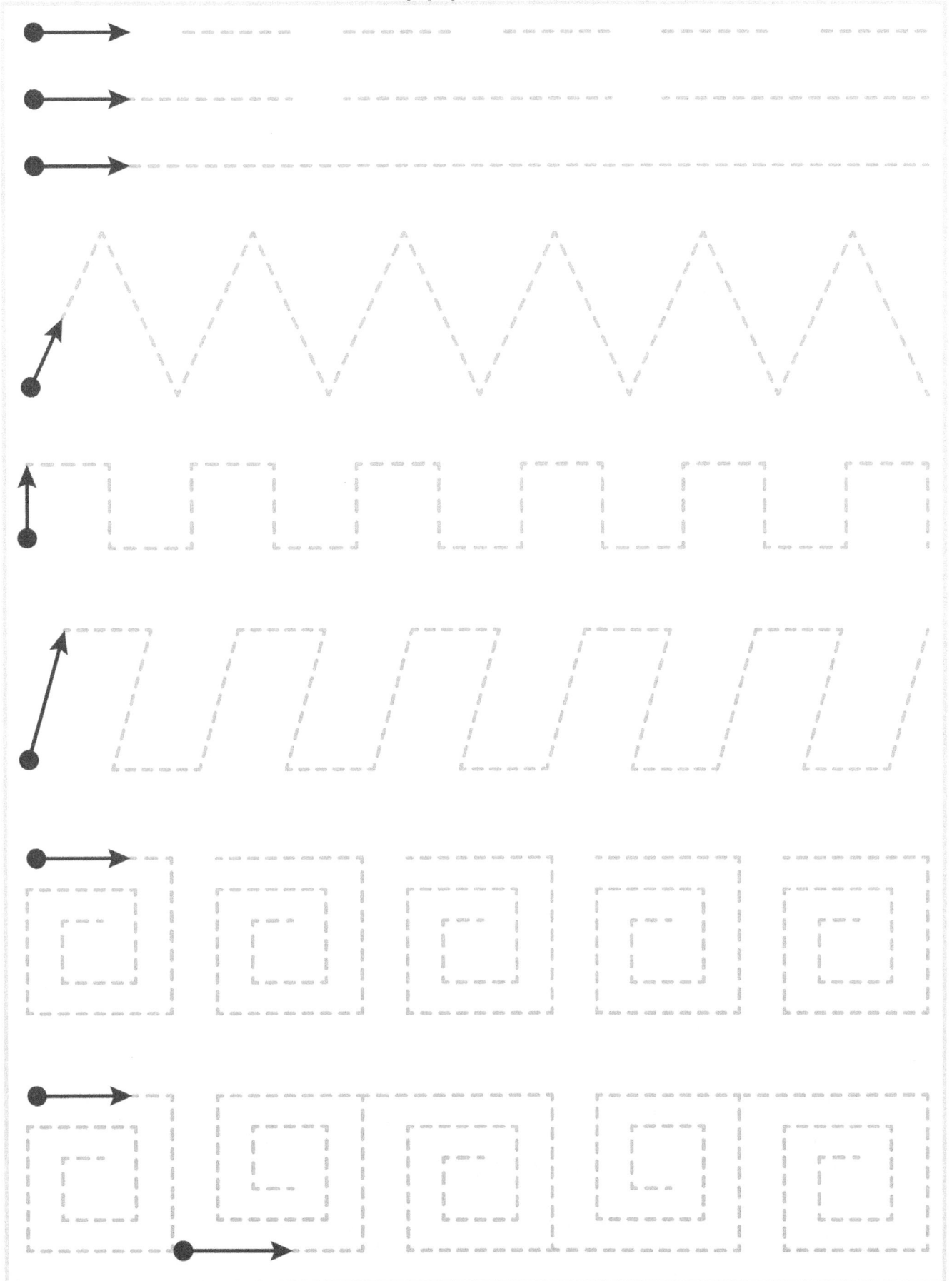

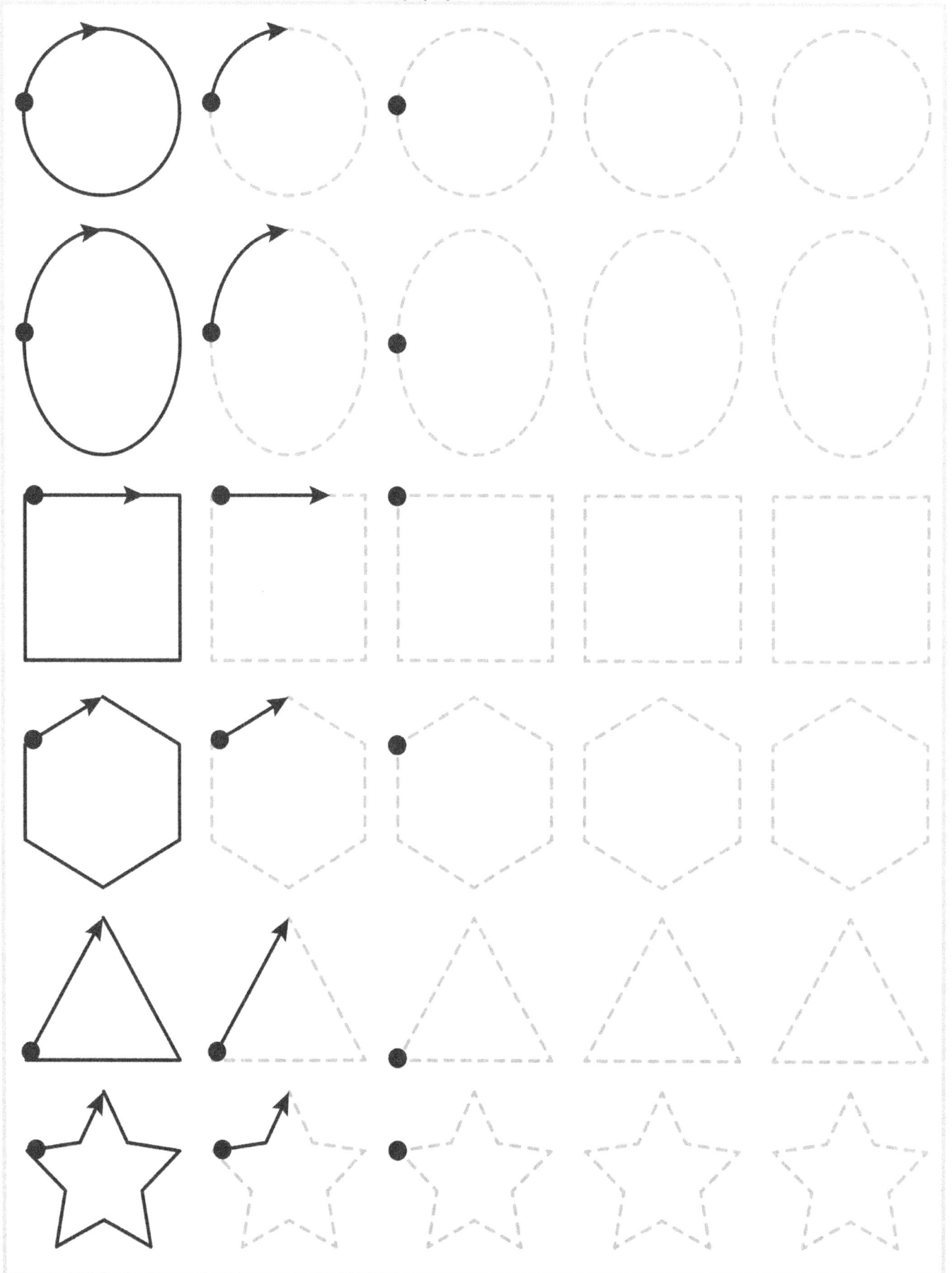

  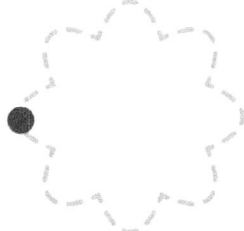 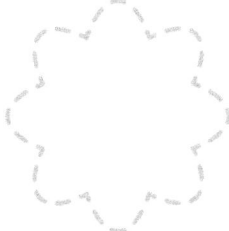 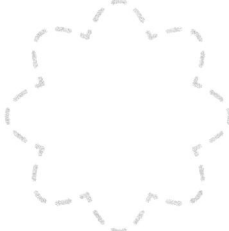

  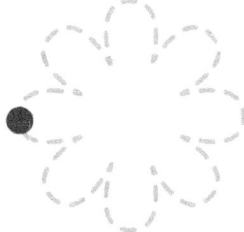  

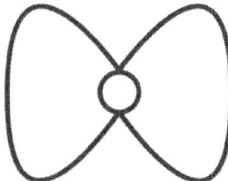  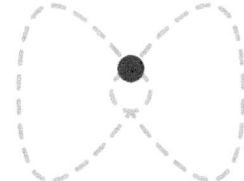  

 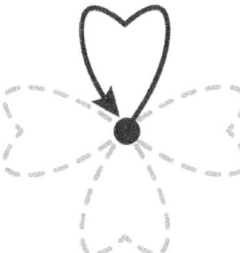 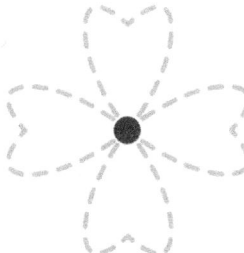 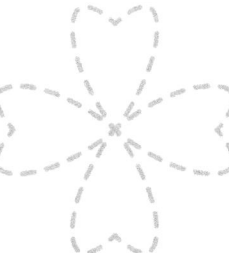 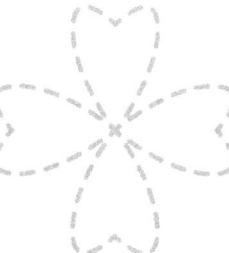

  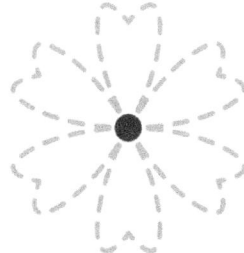  

TRACCIA LE FIGURE GEOMETRICHE

TRIANGOLI

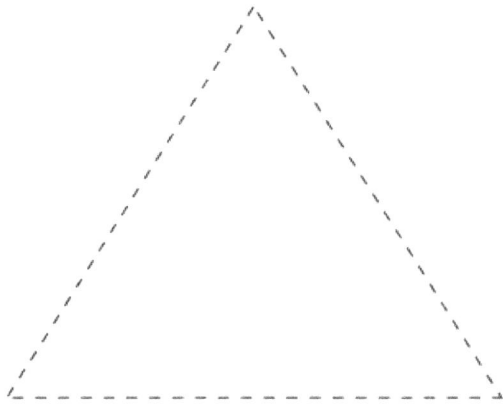
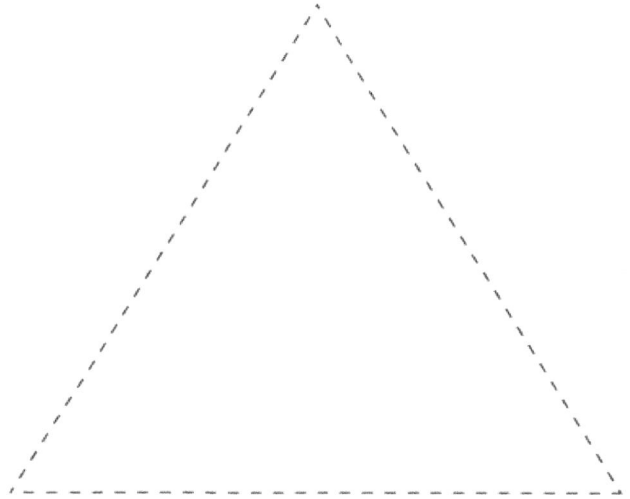
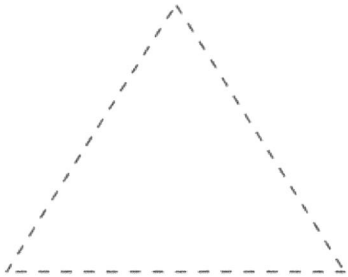
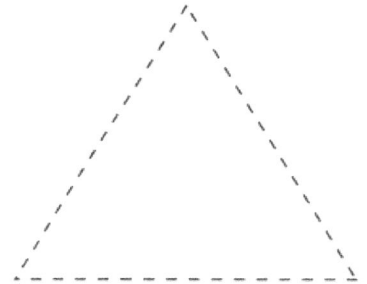
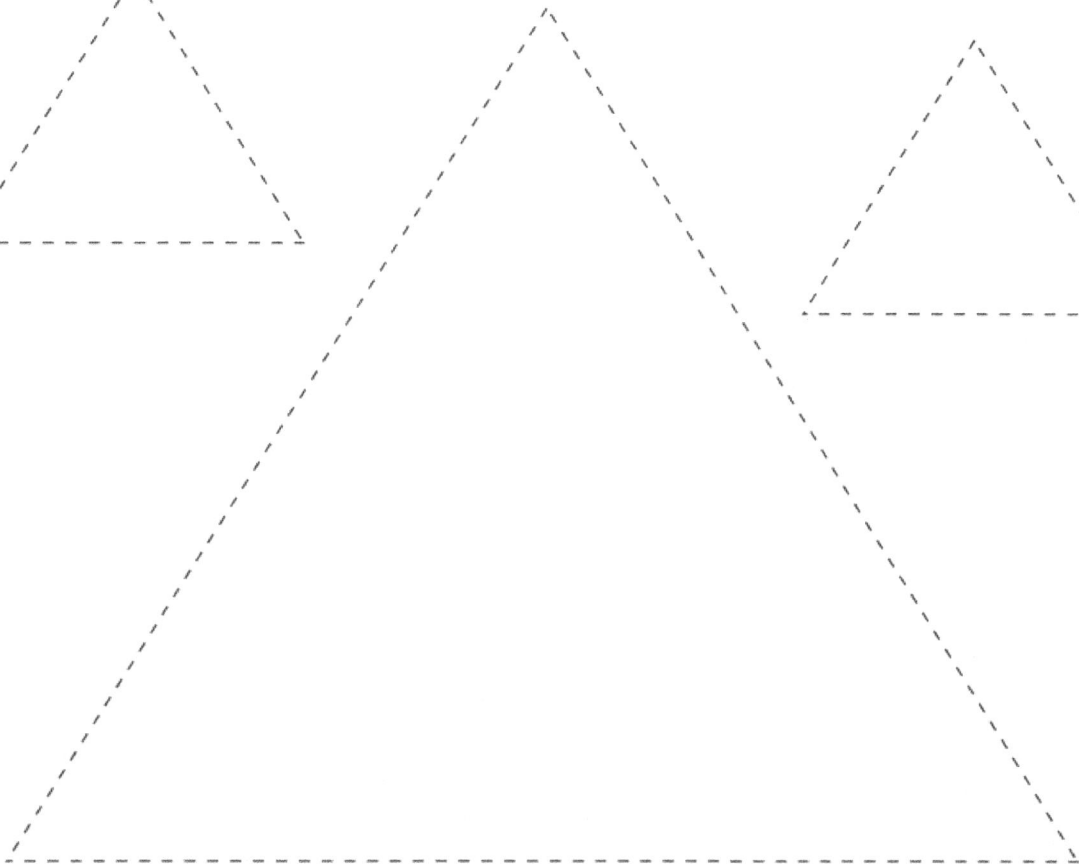

RETTANGOLI

ROMBI

ESAGONI

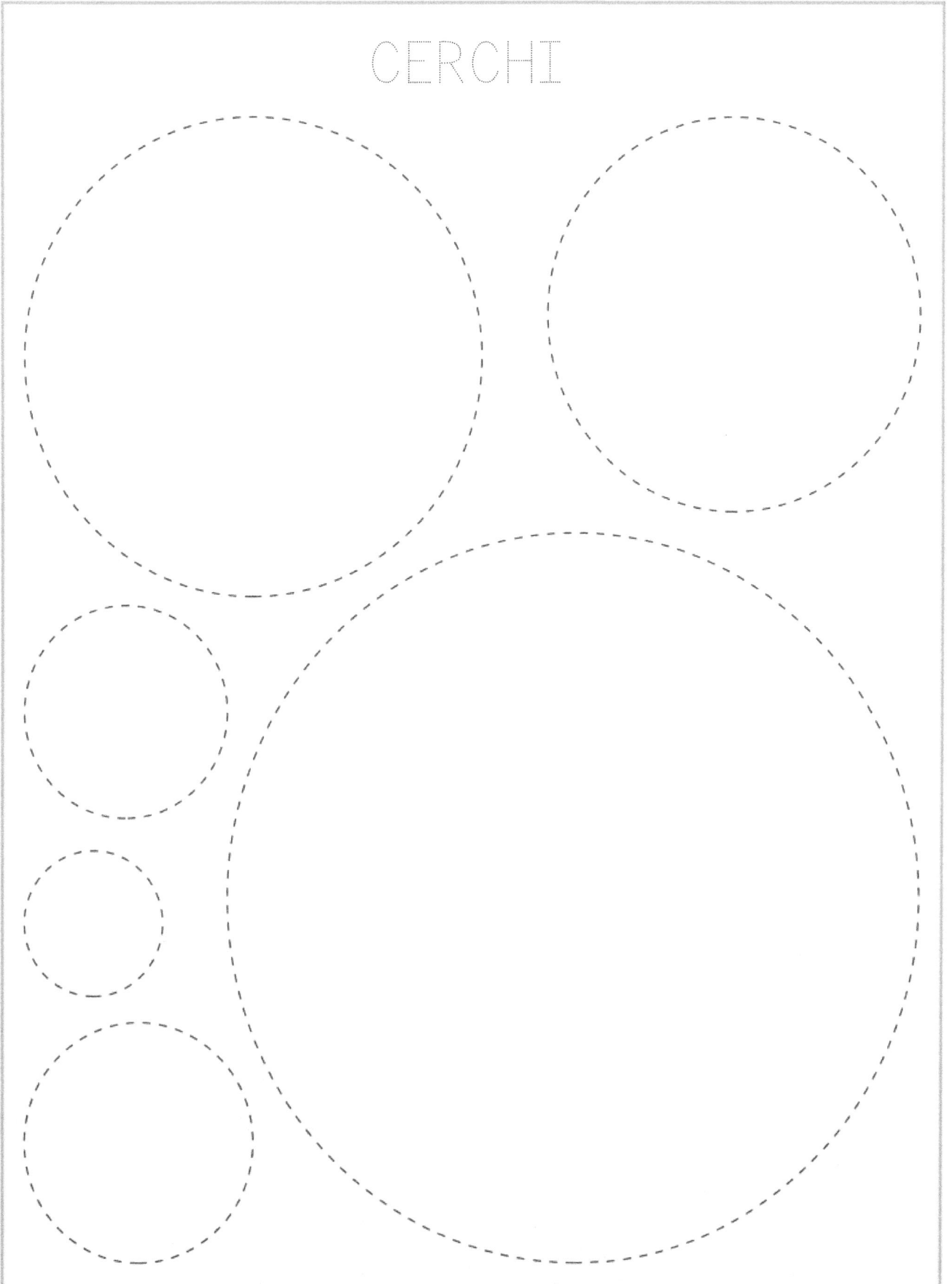

CERCHI

COMPLETA LE IMMAGINI

Happy School

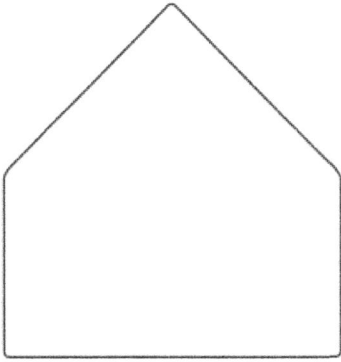 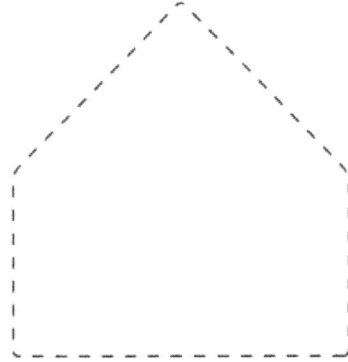

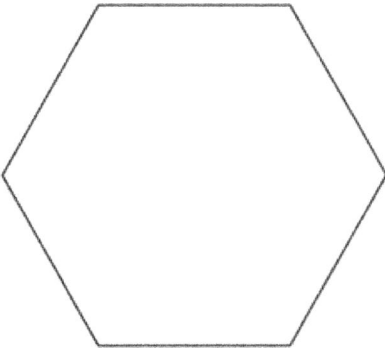 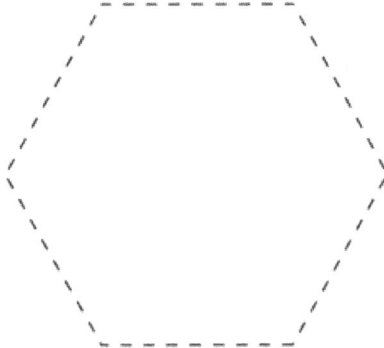

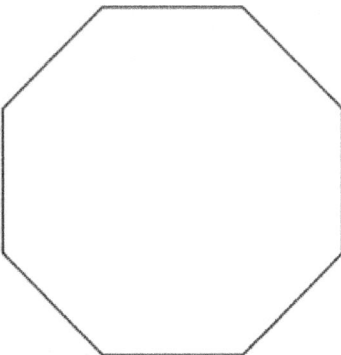 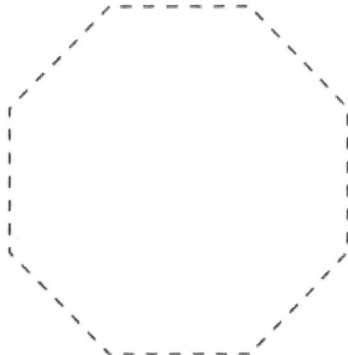

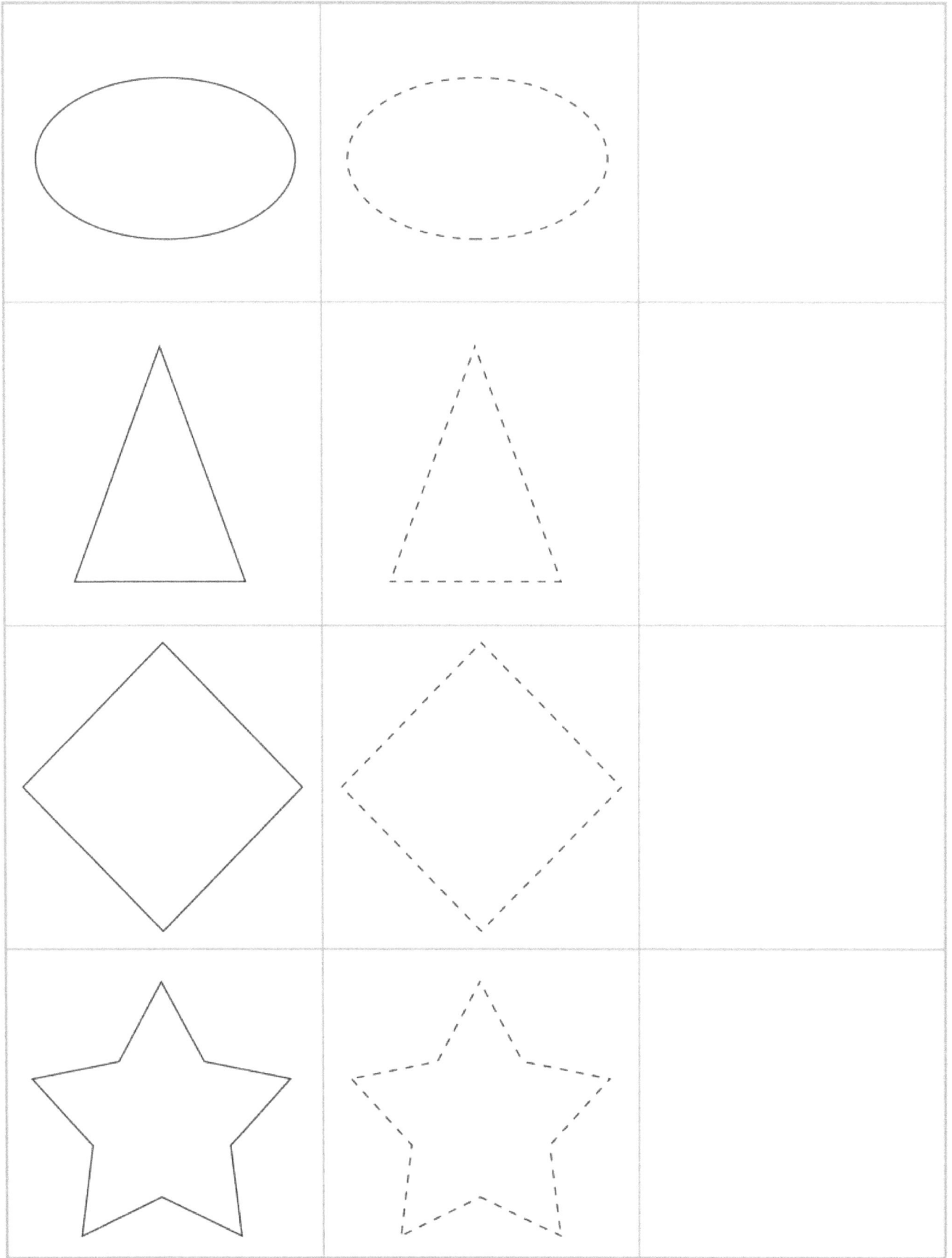

Happy School

Happy School

 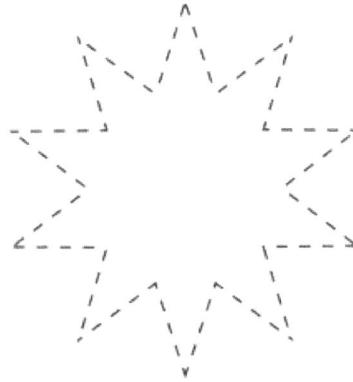

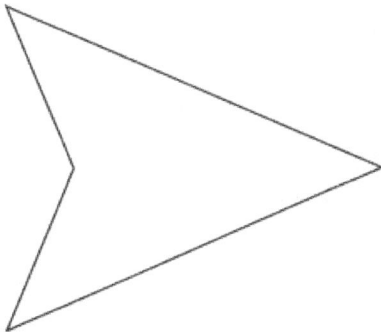 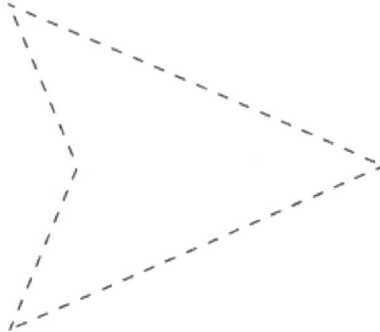

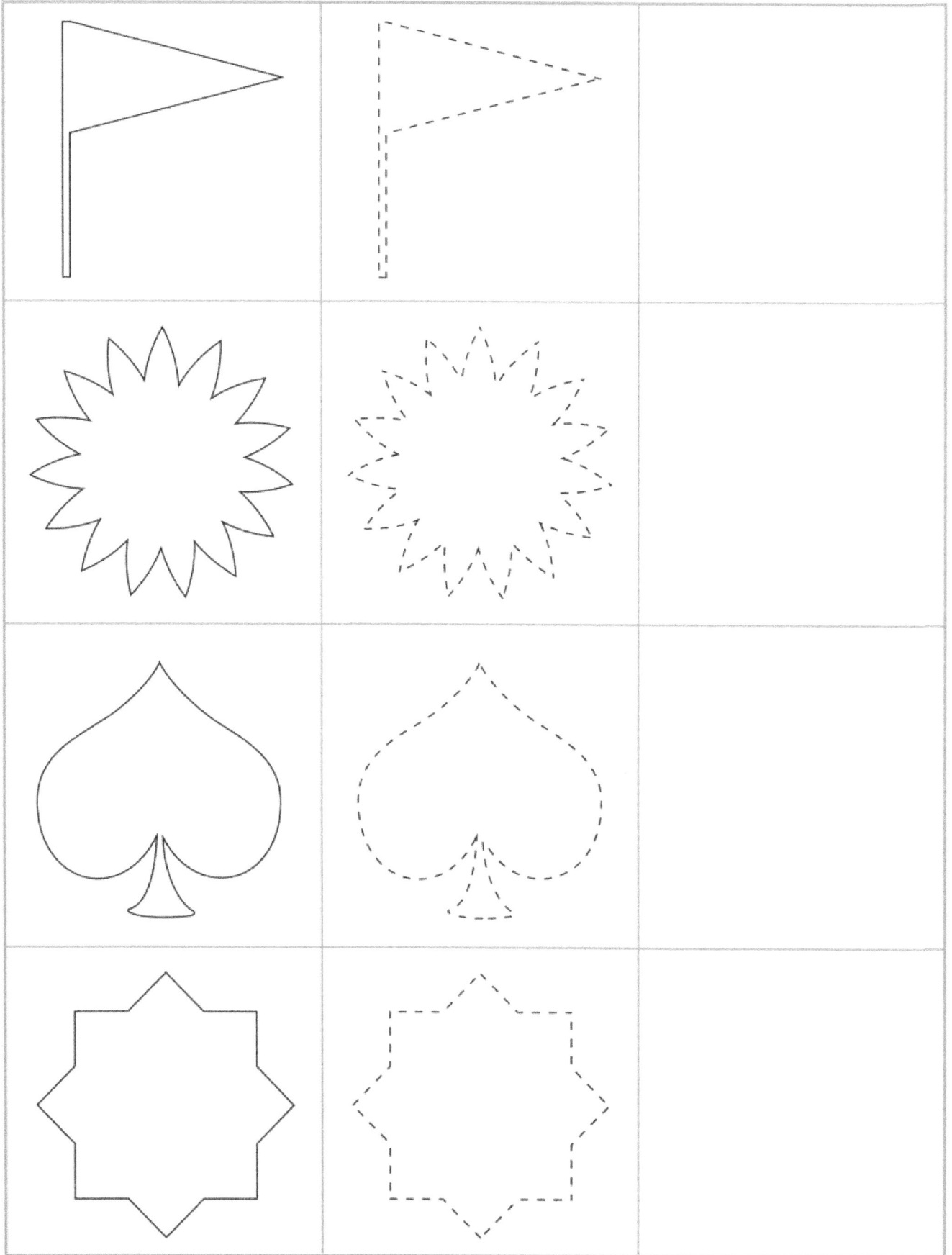

Happy School

Happy School

Happy School

TRACCIA E COLORA

CASA

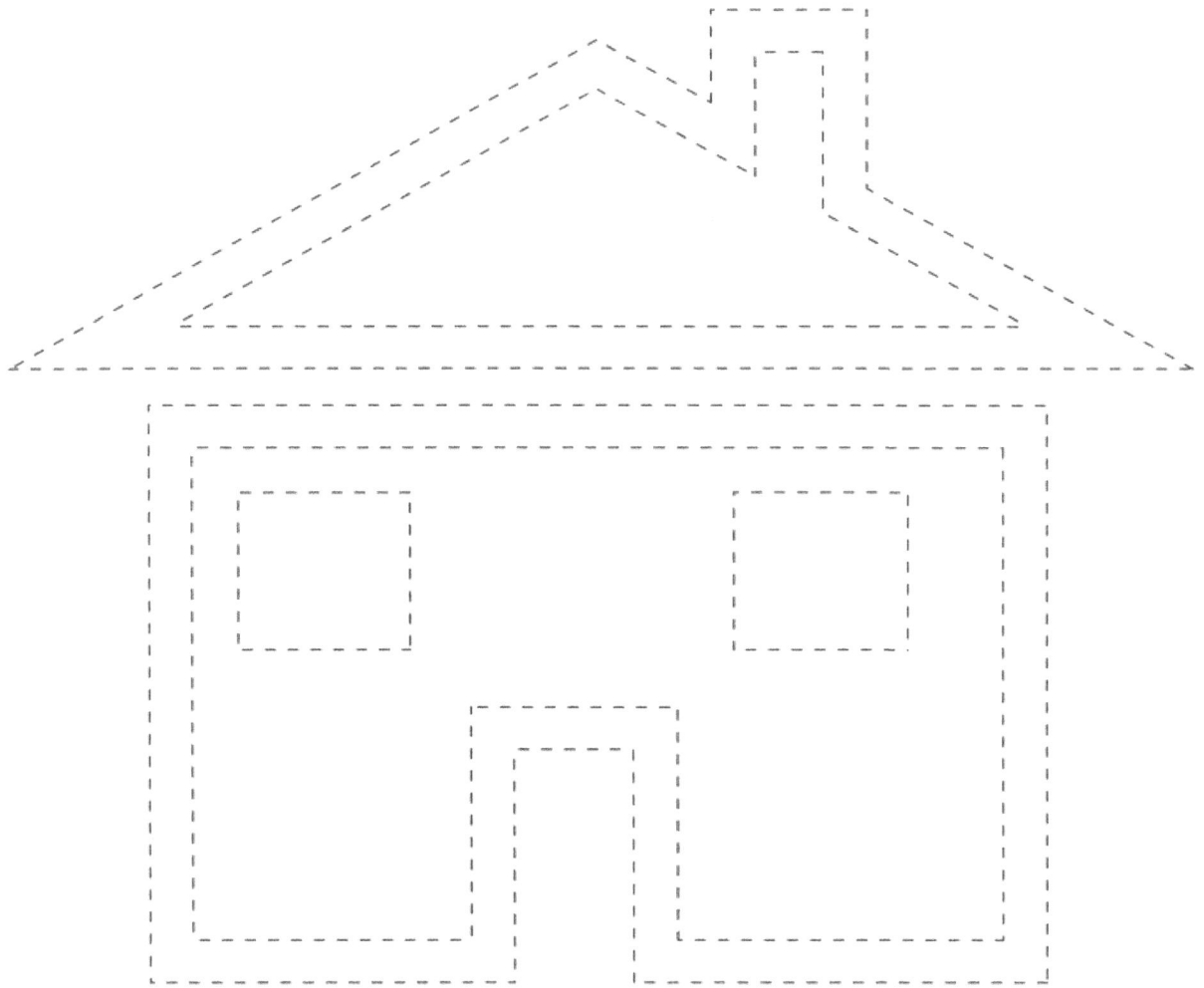

ROULOTTE

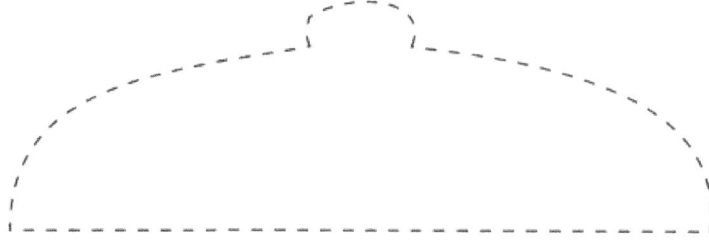

TELEFONO

AUTO

ROBOT

RICCIO

FUNGO

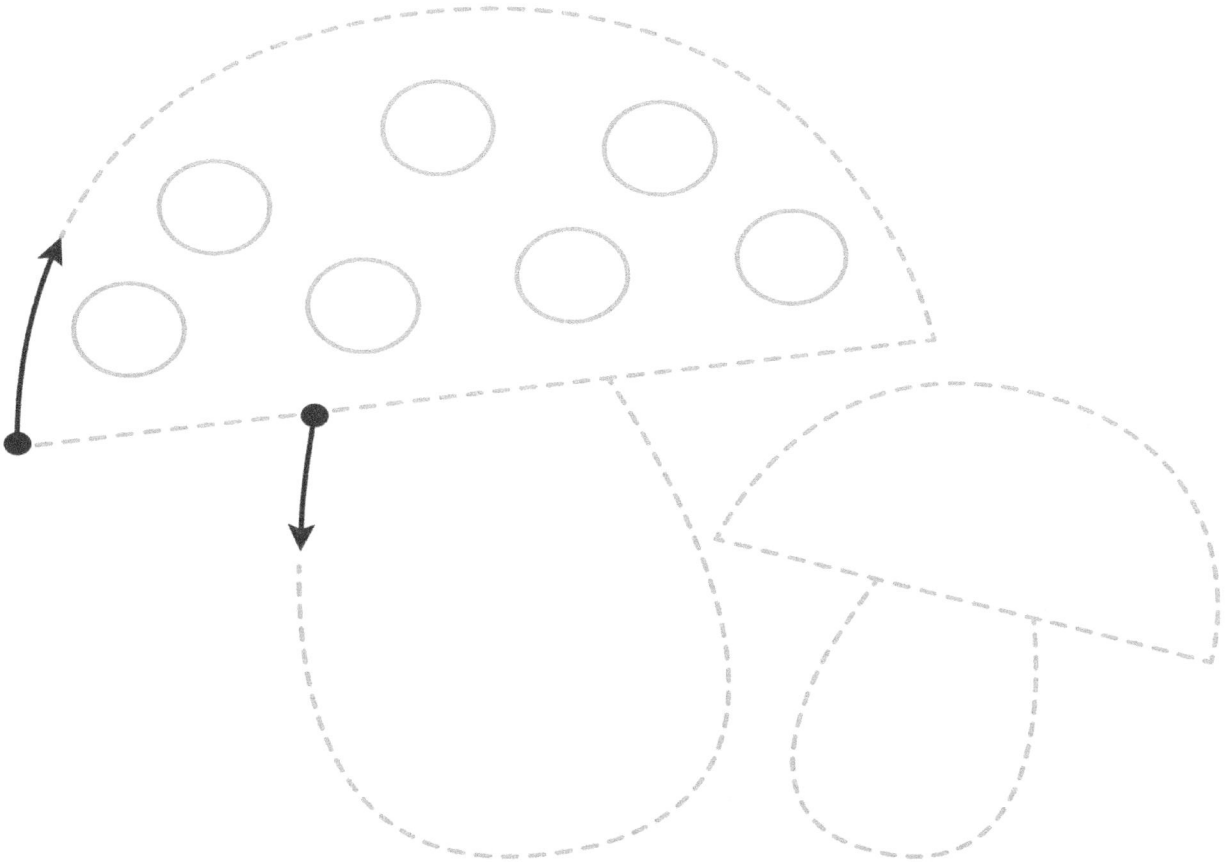

FOGLIA

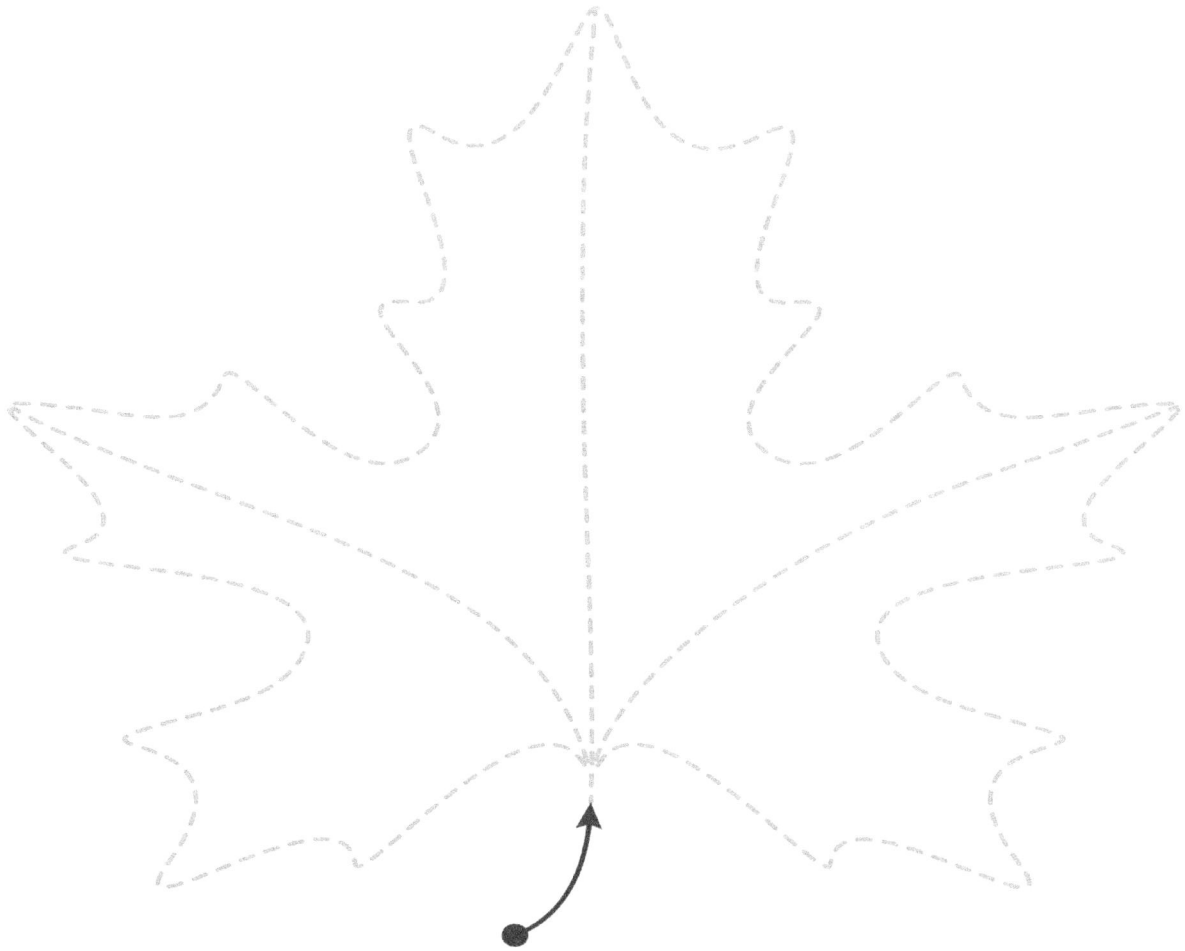

NAVE

CASA

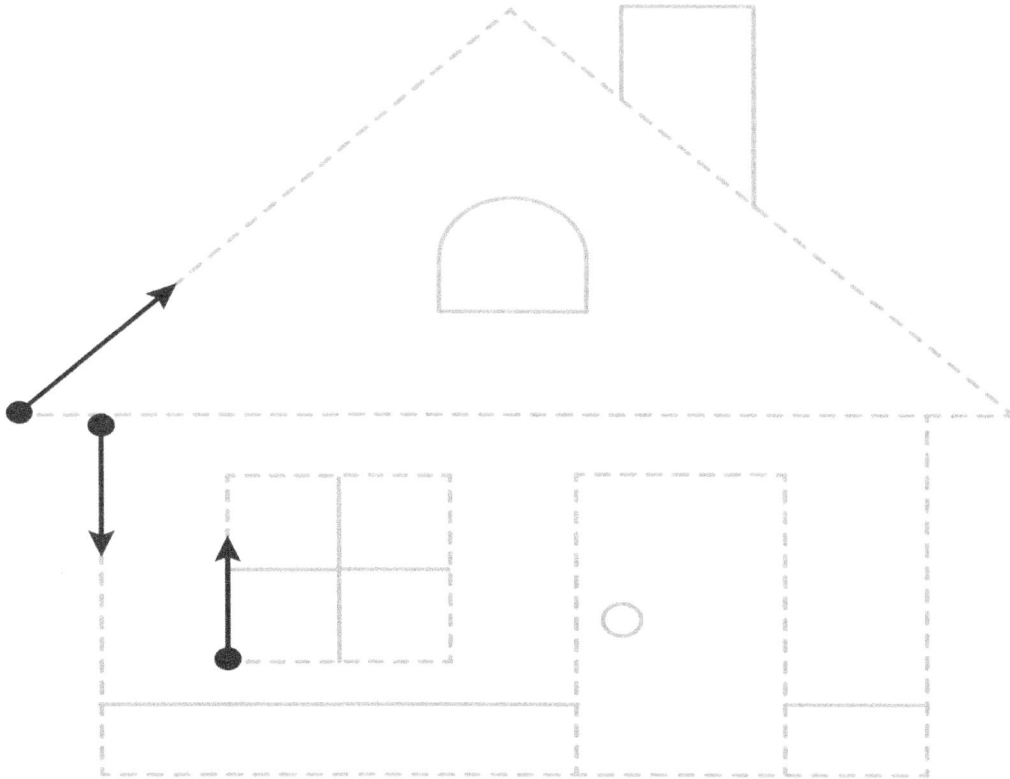

COCCINELLA

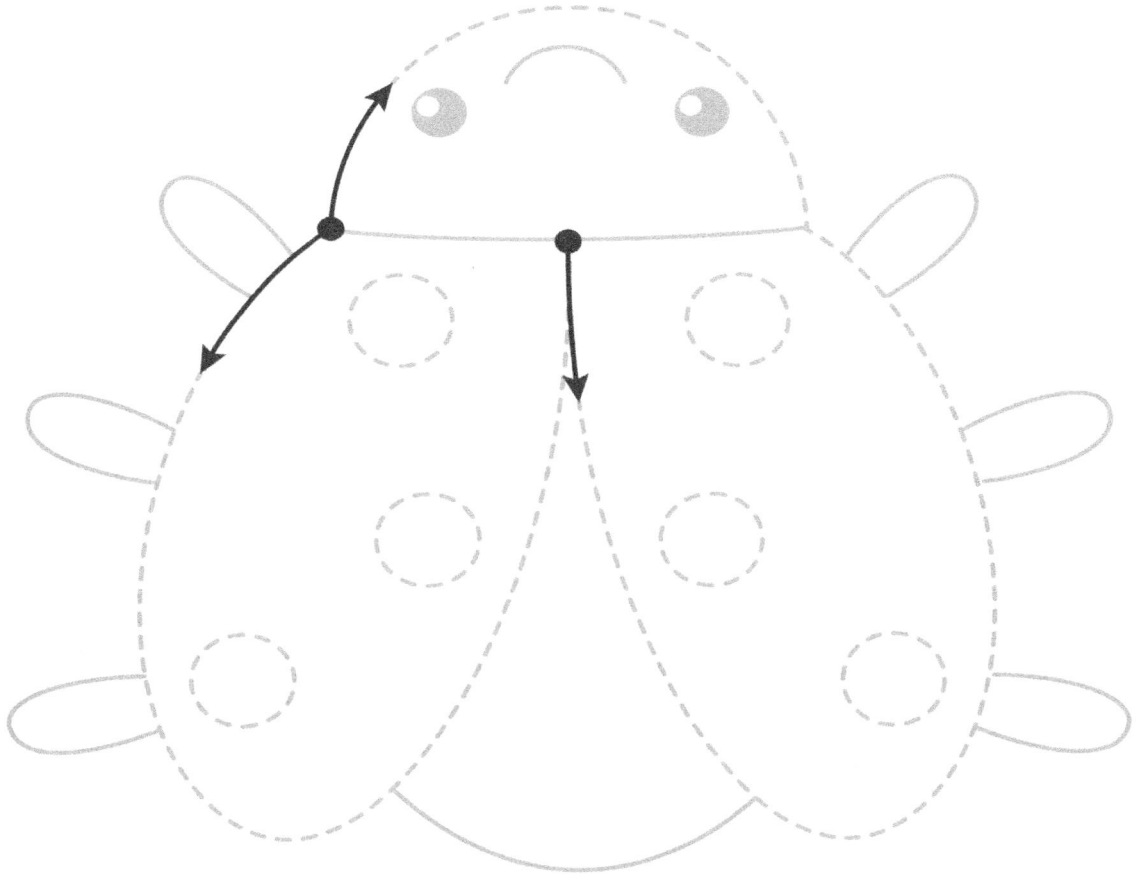

BRUCO

GATTO

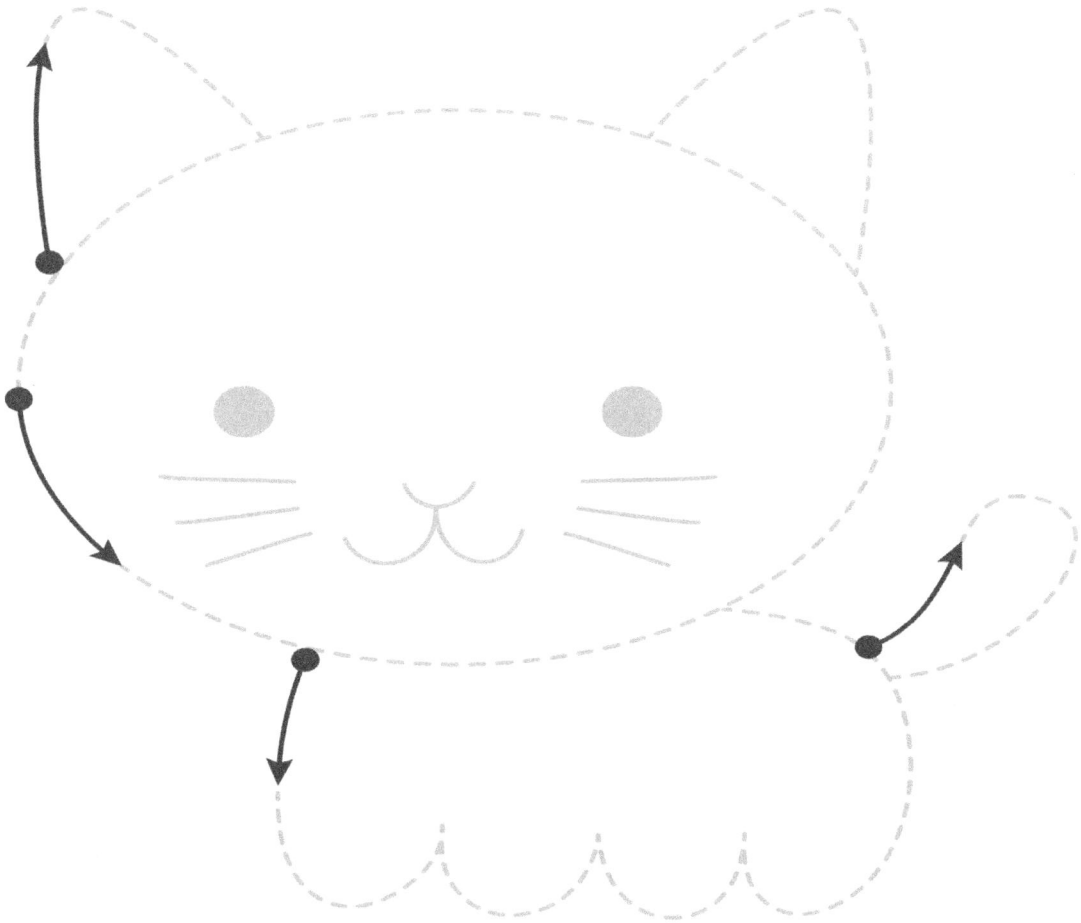

FARFALLA

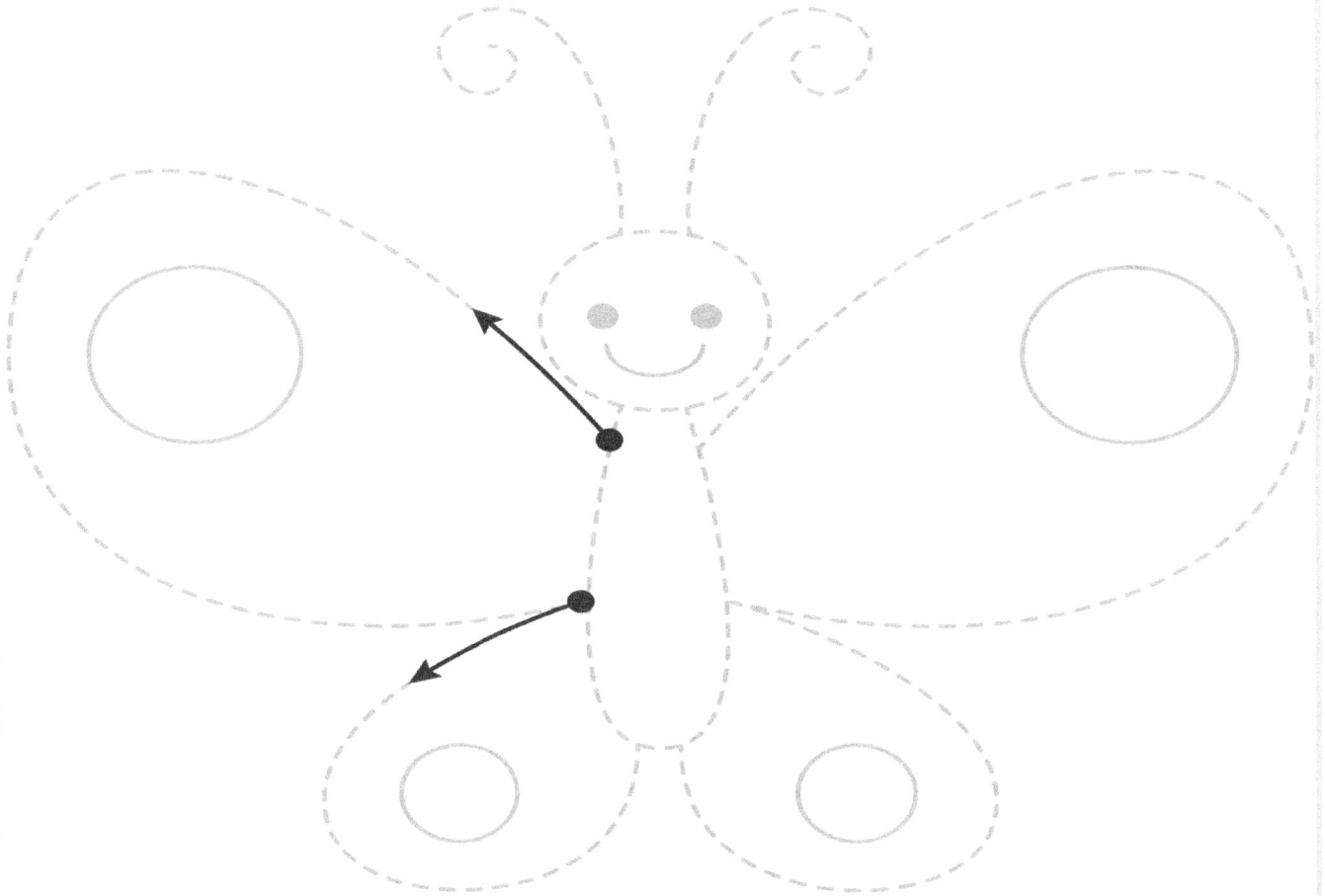

DELFINO

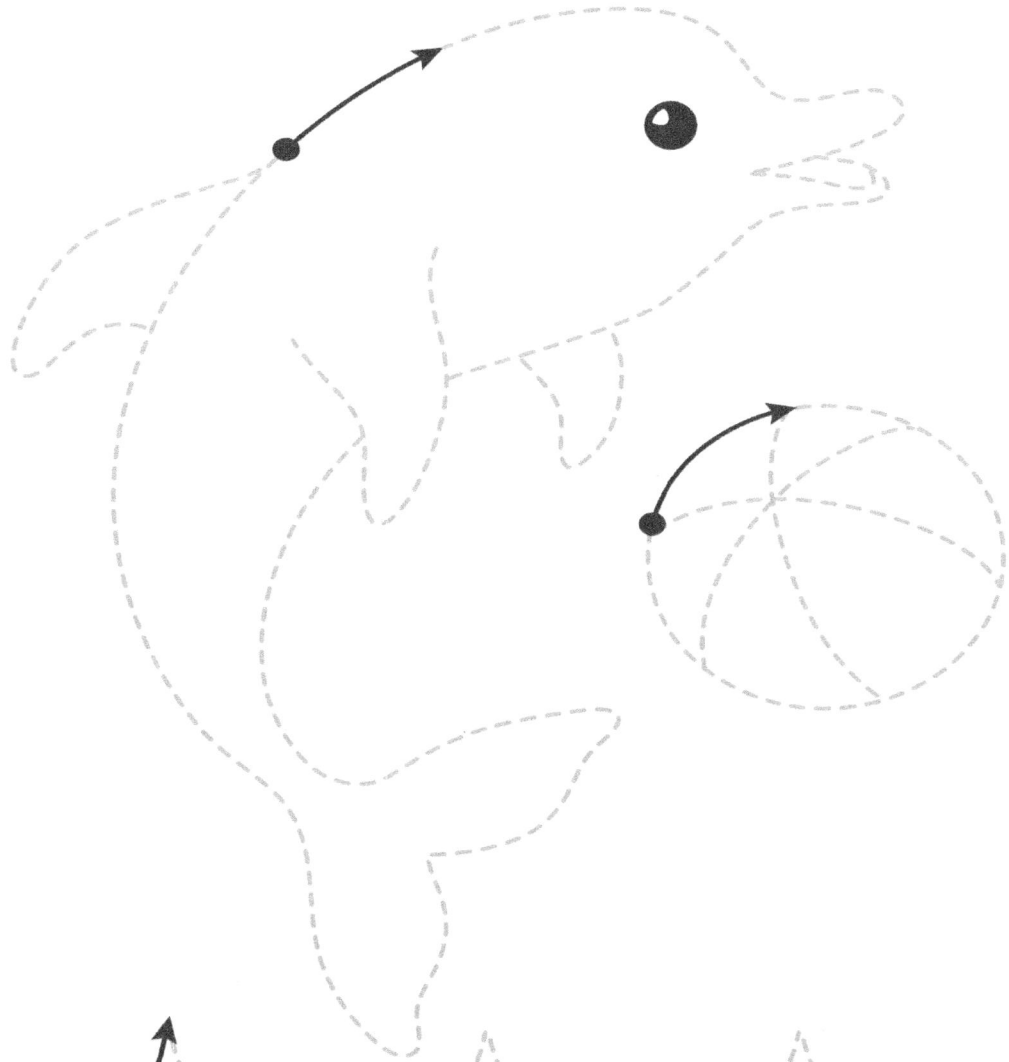

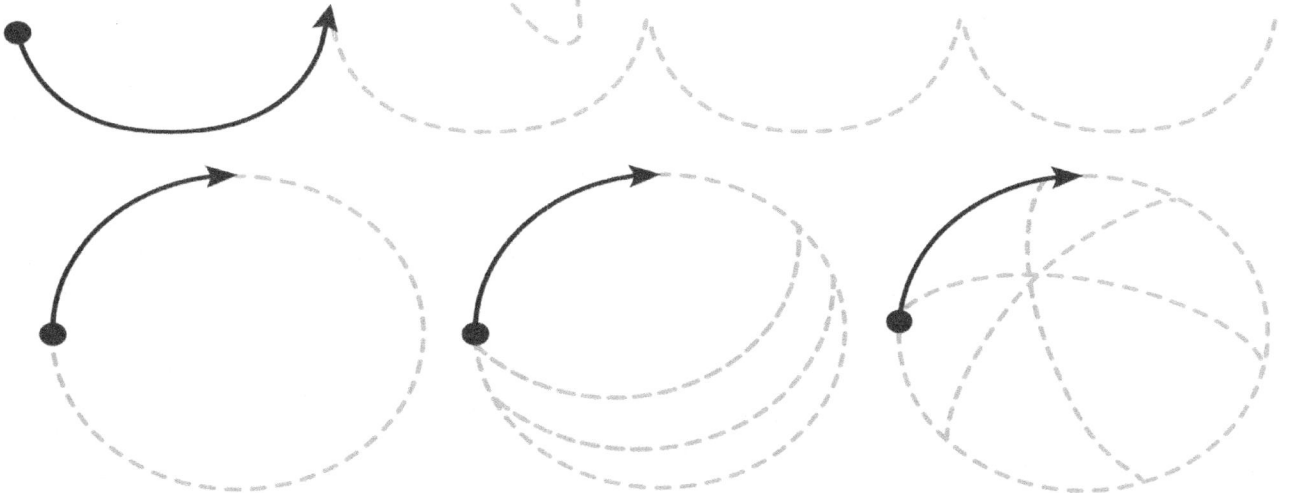

CANE

Happy School

Non proseguire senza il tuo regalo gratuito!

☺ Un libro gratuito per il tuo bambino pieno di attività educative e divertenti

Come ricevere il libro in omaggio?
Scegli il modo che preferisci !!!

happy.school.books@gmail.com
nell'oggetto scrivi: Happy School 1

Personal Page: Amanda Marino
Scrivimi: Happy School 1

Unisciti alla community di F. Happy School – Libri per Bambini

www.facebook.com/groups/1137976299928169/
oppure
Rapidamente scansiona il codice QR

⭐⭐⭐... Troverai altro fantastico materiale gratuito

e molto altro ... ⭐⭐⭐

Happy School

Un augurio di tanta felicità e serenità

Se il libro ti è piaciuto ti ricordo gentilmente una recensione piena di stelle .....

Per qualsiasi informazione, suggerimento o problematica
ti prego di scrivere a:
happy.school.books@gmail.com.
.... La vita è piena di soluzioni 🩶

Un caro saluto

Amelia 🩶

Made in the USA
Las Vegas, NV
18 June 2024